W0468758

Gabriele Praschl-Bichler

Das Familienalbum von Kaiser Franz Joseph und Elisabeth

Ueberreuter

Die Deutsche Bibliothek – CIP-Einheitsaufnahme

Praschl-Bichler, Gabriele:
Das Familienalbum von Kaiser Franz Joseph und Elisabeth /
Gabriele Praschl-Bichler. – Wien : Ueberreuter, 1995
ISBN 3-8000-3578-2

AU 356/1
Alle Urheberrechte, insbesondere das Recht der Vervielfältigung, Verbreitung und öffentlichen Wiedergabe in jeder Form, einschließlich einer Verwertung in elektronischen Medien, der reprografischen Vervielfältigung, einer digitalen Verbreitung und der Aufnahme in Datenbanken, ausdrücklich vorbehalten
Umschlaggestaltung Atelier Rendl
Copyright © 1995 by Verlag Carl Ueberreuter, Wien
Printed in Slowenia
1 3 5 7 6 4 2

Alles im Buch veröffentlichte Bildmaterial
entstammt einem Privatarchiv.

INHALT

VORWORT

Wahrscheinlich stellt dieses Fotoalbum aus der Privatsphäre des Kaiserhauses in mehrfacher Hinsicht einen der großen Funde des Jahrhunderts dar. Denn erstens zeigt es – neben den selbstverständlich zahlreichen repräsentativen Aufnahmen – die privaten Momente der ehemals ersten Familie des Landes, so wie sie bis dato bestenfalls Nachkommen und andere enge Familienmitglieder sehen konnten.
Zweitens entstammen viele der Aufnahmen der Pionierzeit der Fotografie, die in den dreißiger Jahren des 19. Jahrhunderts erfunden worden war und in den vierziger Jahren ihren Weg nach Österreich fand. Ab einem Jahrzehnt später kann man die Kunst als eingeführt und verbreitet annehmen, weshalb auch die frühesten Bilddokumente des Kaiserhauses aus den fünfziger Jahren des 19. Jahrhunderts stammen. Bemerkenswert ist die hohe Qualität dieser Bilder, die mitunter gestochen scharf erscheinen und die bis zu zehn-, fünfzehnfache Vergrößerungen ohne Qualitätsverluste zulassen. Allerdings muß hinzugefügt werden, daß manche Fotos wegen schlechter Lagerung in kühlen und feuchten Kellerräumen gelitten haben, aber trotzdem veröffentlicht werden, weil sie besonders ›privat‹ oder originell sind.
Drittens erlauben die Aufnahmen, fern von Stammtafeln und historischen Interpretationen, eine neue und eigene Bewertung der einzelnen Personen: Denn das, was in den Gesichtern der einzelnen Menschen zu lesen ist, die Haltung, die sie einnehmen, ihre Gestik und die Art, wie sie sich zueinander verhalten, entwirft ein eigenes, sehr schönes Bild der Kaiserfamilie, das den Betrachter in den angenehmen Zustand versetzt, in einem Fotoalbum zu blättern, das ebensogut das Album seiner eigenen Familie sein könnte.
Der vierte Grund, dieses Fotomaterial zu veröffentlichen, birgt die eigentliche Sensation: Alle Aufnahmen, die in diesem Buch erstmals abgebildet werden, entstammen einem Privatarchiv, von dem die Besitzer zwar wußten, daß es besteht, das aber im Laufe der Geschichte – und zwar seit dem Beginn des Ersten Weltkriegs – noch nie gesichtet worden war! In riesigen Lederkisten verwahrt, schlief es den Schlaf eines fast vollen Jahrhunderts und überstand beinahe unversehrt zwei Weltkriege. Ich muß der Wahrheit halber hinzufügen, daß mich – als ich mit Erlaubnis der Nachkommen der Familie die Fotos durchsah, bestimmte und sortierte – einige Sentimentalität befiel: Ich war die erste Person, die nach der (damals noch regierenden) kaiserlichen Familie die Aufnahmen in Händen hielt!
Fünftens und letztens sei posthum den sorgfältigen Sammlern und Bewahrern der Fotos gedankt, die die meisten Aufnahmen mit Namen, Daten und anderen handschriftlichen Bemerkungen versahen, weshalb auch die Gesichter unbekannterer Mitglieder der Familie nicht der Vergessenheit anheimfielen. Daß sich der eine oder andere Fehler in bezug auf Daten einschlich oder daß an verschiedenen Stellen Namen oder Titel verwechselt wurden, steht dabei in keinerlei Bezug zu dem enormen historischen Wert, den das Ensemble für den hundert Jahre später Lebenden darstellt.
Soweit die Vorgeschichte, und ich hoffe, mit dieser ungewöhnlichen Bildersammlung dem Interesse des Betrachters gerecht werden zu können, wenn er sich – eigentlich auch als ein erster – durch die Bildergeschichte des Kaiserhauses blättert.
Zum einfacheren Gebrauch der Bilder empfiehlt es sich, die Stammtafeln innerhalb der einzelnen Kapitel heranzuziehen, aus denen die Familienverhältnisse und Lebensdaten der betreffenden Personen hervorgehen.

Wien, im Juli 1995

Gabriele Praschl-Bichler

Wenn man nur ein wenig mit der Geschichte der österreichischen Kaiserfamilie vertraut ist, die ihre Prägung vor allem durch die individuelle Handhabung des Alltags durch Kaiserin Elisabeth erfuhr, wird man den Seltenheitswert, den dieses Foto darstellt, erahnen. Es datiert aus dem Herbst 1859 und zeigt die kaiserliche Familie in drei Generationen im Garten von Schloß Schönbrunn auf einem Bild vereint. In der hinteren Reihe stehen von links nach rechts: Kaiser Franz Joseph, sein Bruder Erzherzog Ferdinand Maximilian, der spätere Kaiser von Mexiko, und dessen Gemahlin Charlotte, der jüngste Kaiserbruder Erzherzog Ludwig Victor und der drittälteste Bruder Erzherzog Carl Ludwig. Auf dem Kanapee sitzen Kaiserin Elisabeth – mit Kronprinz Rudolf auf den Knien und Erzherzogin Gisela neben sich –, Erzherzogin Sofie und rechts außen Erzherzog Franz Carl, die Eltern Kaiser Franz Josephs.
Abgesehen von ganz wenigen Aufnahmen, die Kaiserin Elisabeth und Kaiser Franz Joseph gemeinsam auf einem Bild zeigen (Kunstwerke – Gemälde, Lithografien usf. – ausgenommen), scheint dieses Foto nicht nur das einzige der geschlossenen Familie zu sein, sondern auch das einzige, auf dem die Kaiserin gemeinsam mit ihren Kindern auftritt.

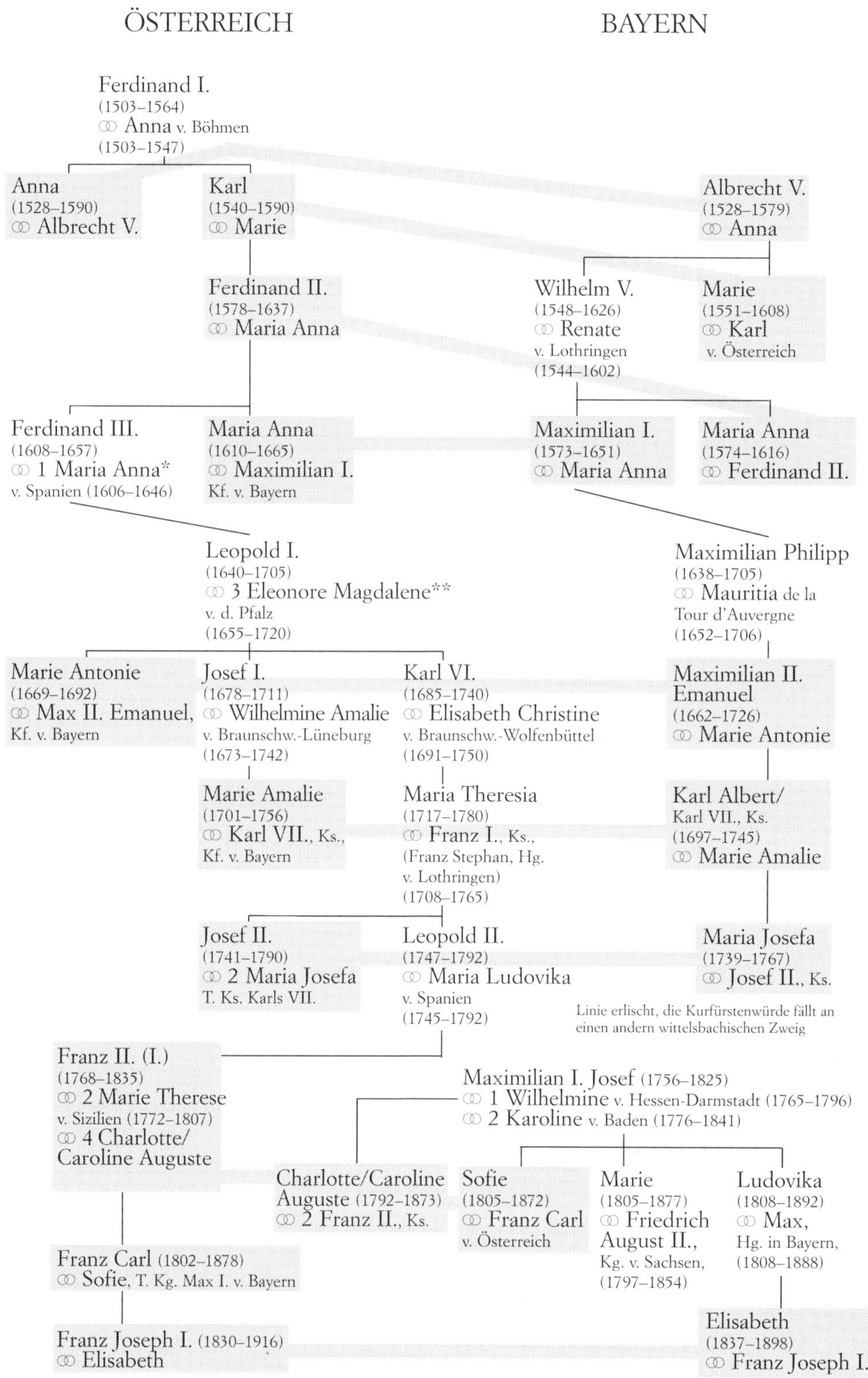

*) ebenfalls eine Habsburgerin aus der spanischen Linie.
**) ebenfalls eine Wittelsbacherin aus der Pfälzer Linie.

Die Stammtafeln sind vereinfacht dargestellt und beziehen sich auf die fotografierten Personen.

HABSBURG UND WITTELSBACH
ZWEI DYNASTIEN – EINE FAMILIE

Die Ehen zwischen Habsburgern und Wittelsbachern ziehen sich durch die Jahrhunderte, so wie Ehen zwischen Mitgliedern immer derselben europäischen Regentenfamilien zu den historischen Gegebenheiten zählen. Auf einem vereinfacht dargestellten Stammbaum sollen die Verwandtschaftsverbindungen der letzten drei Jahrhunderte dargestellt werden (wobei die Pfalzgrafen bei Rhein außer acht gelassen wurden, die aber ebenfalls der Familie Wittelsbach entstammen).
Innerhalb von zehn Generationen kommt es zwischen den Familien Habsburg und Wittelsbach zu mindestens einer Verbindung pro Generation. Sogar die dritte Ehefrau Kaiser Leopolds I., Eleonore, war eine Wittelsbacherin. Sie entstammte der Linie der Pfalzgrafen bei Rhein, die ursprünglich beide Würden – die der Herzoge von Bayern und die der Pfalzgrafen bei Rhein – innehatte. Später wurden die Würden auf verschiedene Linien verteilt, um an der Jahrhundertwende zum 19. Jahrhundert wieder an eine Person zurückzufallen. Dasselbe geschah mit der ebenfalls wittelsbachischen Linie der Herzoge in Bayern, die mit dem Urgroßvater der Kaiserin Elisabeth gegründet wurde und mit einem ihrer Neffen wieder erlosch.
Durch etliche Verwandtschaftsehen entstanden die absonderlichsten Familienverhältnisse, von denen Kaiser Franz Joseph und Kaiserin Elisabeth nicht ausgenommen waren. In beider Elterngeneration nimmt alle Wirrnis ihren Anfang bei drei Töchtern König Maximilians I. von Bayern, von denen zwei die Mütter Franz Josephs und Elisabeths werden und eine dritte (als vierte Ehefrau) mit dem als Kaiser Franz II. (I.) regierenden Großvater Kaiser Franz Josephs verheiratet war.

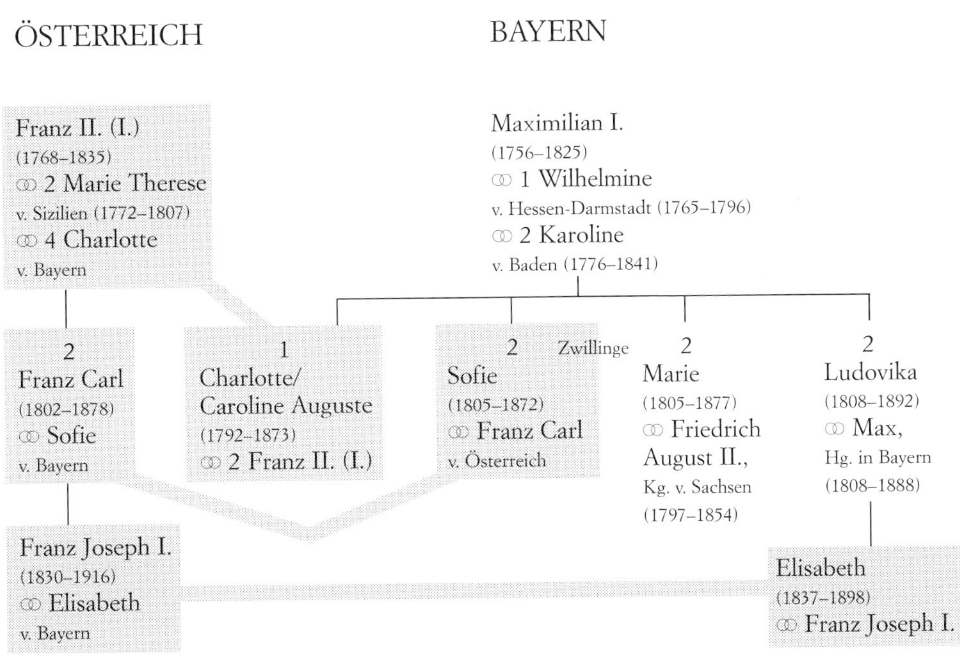

Charlotte/Caroline Auguste, die vierte Ehefrau Kaiser Franz' II./I.
Ihre Schwester Sofie *(re.)* heiratete Erzherzog Franz Carl, einen Stiefsohn der eigenen Schwester, und wurde damit auch deren ›Schwiegertochter‹.

*U*nter den sieben Töchtern König Maximilians I. von Bayern befanden sich zwei eineiige Zwillingsschwesternpaare, zu denen Erzherzogin Sofie (auf dem Bild rechts) zählte. Ihre Zwillingsschwester Marie war mit König Friedrich August II. von Sachsen verheiratet.
Die jüngste der Schwestern, Ludovika, heiratete Herzog Max in Bayern.*(re.)* Ihre Tochter Elisabeth wurde die Frau des ältesten Sohnes der Schwester Sofie, Kaiser Franz Josephs. Auf diese Weise bekam der junge Kaiser, der schon eine Tante zur Großmutter erhalten hatte, eine andere Tante zur Schwiegermutter.

ÖSTERREICH

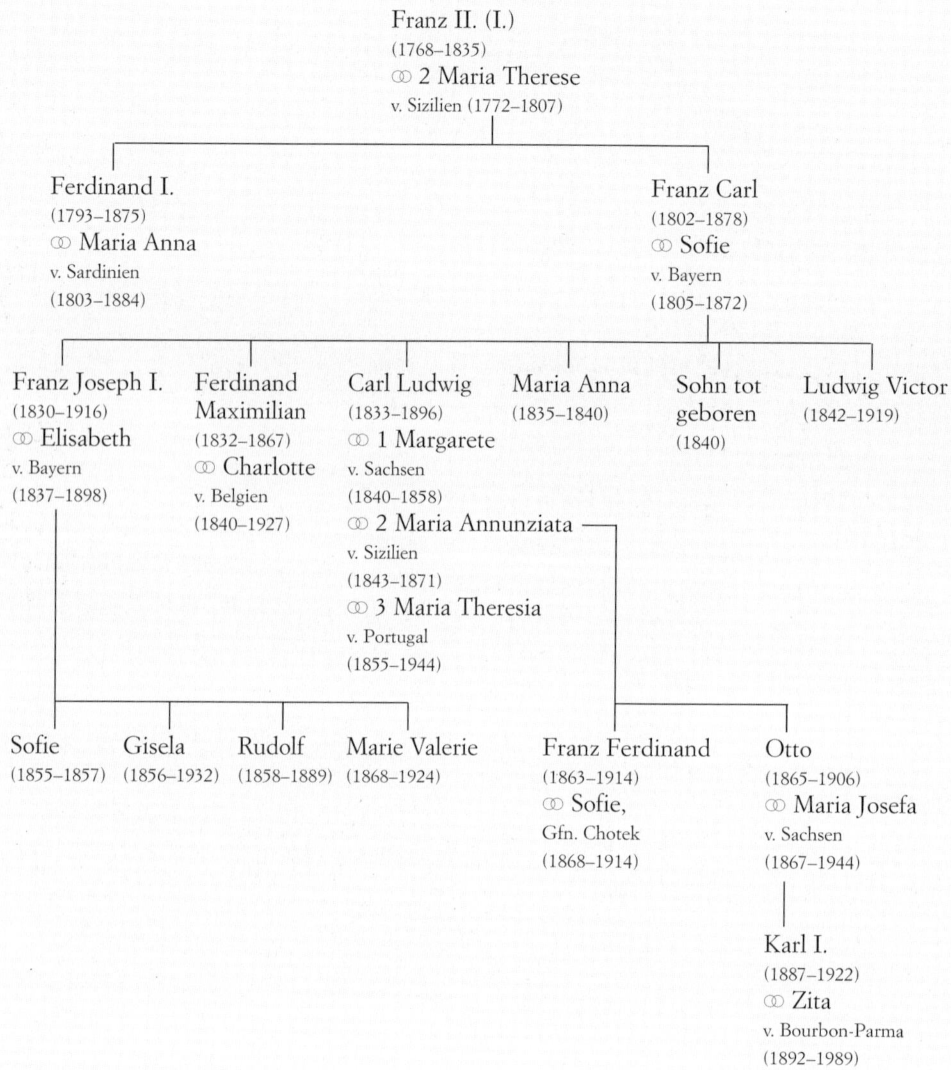

Anhand dieser Tafel ist das Verwandtschaftsverhältnis der beiden letzten Kaiser, Franz Joseph und Karl I., einfach zu erkennen: Karl ist ein Enkel des Kaiserbruders Erzherzog Carl Ludwig, die beiden aufeinanderfolgenden Thronfolger Rudolf und Franz Ferdinand waren Vettern ersten Grades.

Kaiser Franz II. oder I. (als österreichischer Kaiser) war viermal verheiratet. Aus seiner zweiten Ehe mit Marie Therese, der Tochter König Ferdinands I. beider Sizilien, stammen zwölf der insgesamt dreizehn Kinder.

Zu den Kindern aus der zweiten Ehe Kaiser Franz' II. (I.) zählte Kaiser Ferdinand I., der legitime Thronerbe, der aber 1848 unter dem Druck der politischen Ereignisse zugunsten seines Neffen Franz Joseph abdankte. Die Gemahlin Kaiser Ferdinands I., Maria Anna, eine Tochter König Viktor Emanuels I. von Sardinien. *(re.)* Da die Ehe kinderlos blieb, ging die Erbfolge an einen Bruder Ferdinands, Erzherzog Franz Carl, über, der zugunsten seinen Sohnes Franz Joseph auf die Regentschaft verzichtete.

Erzherzog Franz Carl anläßlich eines Sommeraufenthaltes in Bad Ischl 1864. In den siebziger Jahren des 19. Jahrhunderts fiel dem ohnehin kränkelnden, mittlerweile 70jährigen Mann das Gehen nicht mehr so leicht, weshalb man ihn meist mit Tragsesseln beförderte. Die Aufnahme auf dem Tragsessel wurde ebenfalls in Bad Ischl gemacht. Das Porträtfoto entstand im Jahr 1873, fünf Jahre vor dem Tod Erzherzog Franz Carls. *(S. 18)*

Erzherzogin Sofie im Jahr 1870, Ehefrau Erzherzog Franz Carls und Mutter Kaiser Franz Josephs. Den historischen Mutmaßungen von der Kühle und Härte dieser Frau widersprechen die meisten Fotos, die sehr milde Gesichtszüge aufweisen und den Eindruck einer in sich ruhenden Person vermitteln.

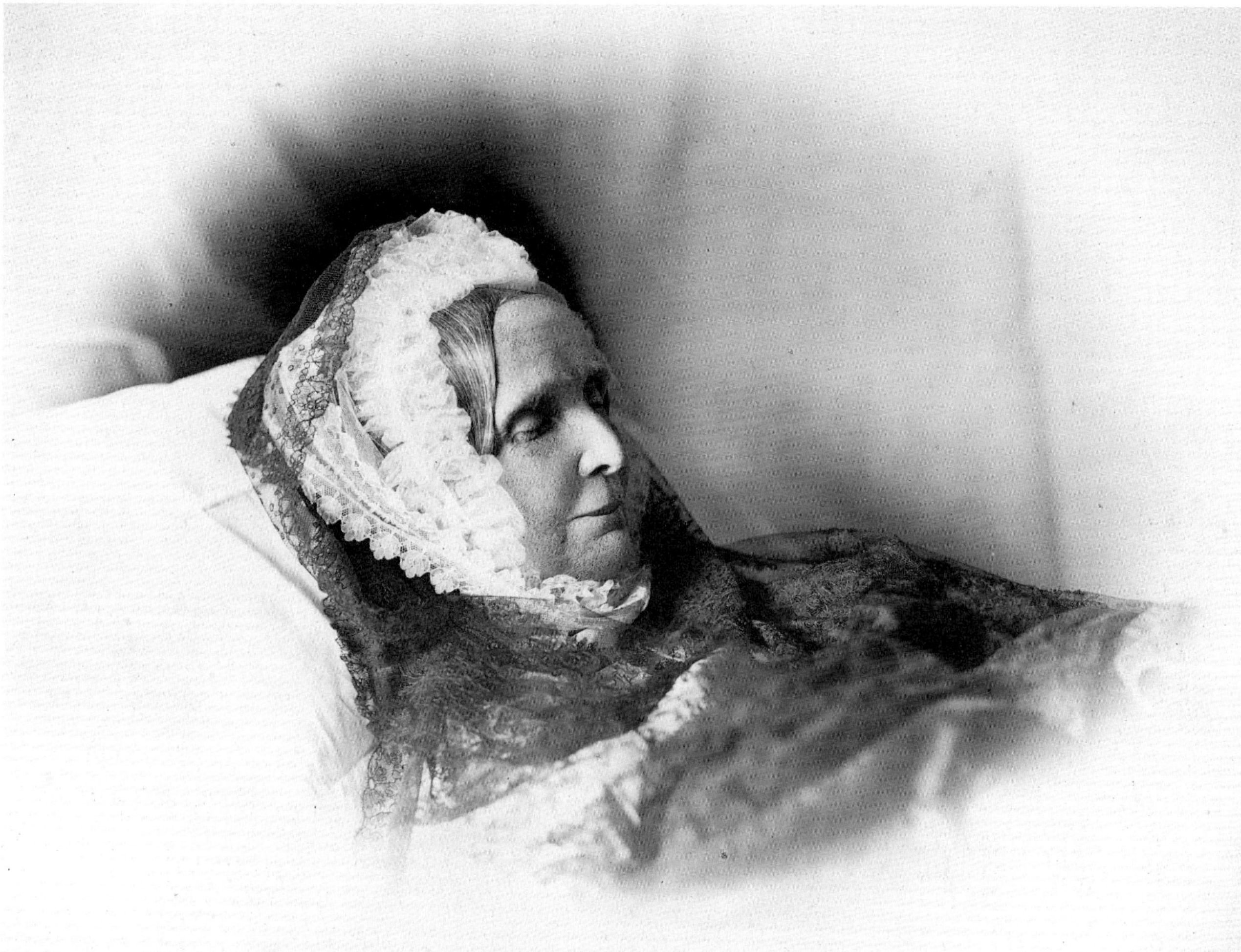

*D*as schönste Dokument eines zufriedenen Charakters: die Aufnahme der 67jährigen Erzherzogin Sofie auf dem Totenbett.

Wahrscheinlich die einzige Aufnahmeserie aller kaiserlichen Brüder aus dem Jahr 1864: Kaiser Franz Joseph sehr gelöst und privat inmitten seiner Brüder – Erzherzog Carl Ludwig, der Kaiser, hinter dem Kanapee stehend der jüngste Bruder, Erzherzog Ludwig Victor, rechts außen Ferdinand Maximilian, der spätere Kaiser von Mexiko.
In leicht geänderter Reihenfolge – einer der gelungensten Schnappschüsse des k.k. Hoffotografen Angerer: Erzherzog Carl Ludwig mit einer für den Betrachter nicht sichtbaren Zigarre – vier Rauchwolken rahmen das rechts sehr leger sitzende Brüderpaar Franz Joseph und Ferdinand Maximilian. Erzherzog Carl Ludwig blättert in einem Buch, wobei ihm der auf der Lehne seines Stuhl sitzende Erzherzog Ludwig Victor zusieht.

Erzherzog Ferdinand Maximilian (wahrscheinlich um 1860) mit dem Orden des Goldenen Vlieses, des höchsten österreichischen Ordens, der bis heute unter der Schutzherrschaft des jeweiligen Habsburgerchefs steht.

Seine Gemahlin, Erzherzogin Charlotte, aufgenommen in Venedig im Oktober 1863, war eine Tochter König Leopolds I. der Belgier.

König Leopold I. der Belgier aus dem Hause Sachsen-Coburg-Saalfeld und seine Gemahlin Charlotte, die Tochter König Georgs IV. von Großbritannien.

Aus den Jahren 1864 und 1865 stammen diese beiden Fotos, die Erzherzog Ferdinand Maximilian (mit handschriftlicher Bemerkung eines Familienmitglieds auf der Rückseite der Aufnahmen) bereits als Kaiser von Mexiko ausweisen.

Kaiserin Charlotte von Mexiko im Alter von 25 Jahren (1865), die ohne Nachkommen verblieb.

Kaiser Maximilian von Mexiko, der seine Anwartschaft auf das Amt unter eifrigem Mitwirken Kaiser Napoleons III. von Frankreich erhalten hatte, wurde auch das prominenteste Opfer des Projekts – 1867 verurteilte man ihn zum Tod und ließ ihn in Queretaro hinrichten. Charlotte, die den Mexikoplan ehrgeizig unterstützt und gefördert hatte, verfiel wahrscheinlich auch wegen ihrer ›Mitschuld‹ am tragischen Ausgang des Unternehmens dem Wahnsinn. Sie sollte ihren Gemahl um 60 Jahre überleben und verstarb 1927 in geistiger Umnachtung.
Unter allen kaiserlichen Brüdern war es nur Erzherzog Carl Ludwig vergönnt, ein annähernd normales und ruhiges Familienleben zu führen. Allerdings war auch er nicht gänzlich vom Schicksal verschont geblieben, da seine beiden ersten Frauen, mit denen er harmonische Ehen geführt hatte, in jungen Jahren verstarben.

Erzherzog Carl Ludwig (der zweite von rechts) noch einmal im Kreis seiner Brüder im März 1864. Zu diesem Zeitpunkt war er bereits das zweite Mal verheiratet.

Erzherzogin Margarete, die Tochter König Johanns I. von Sachsen, war 1858 nach zweijähriger Ehe im Alter von nur 18 Jahren verstorben.

Im Jahr 1862 heiratete Erzherzog Carl Ludwig Maria Annunziata, die Tochter König Ferdinands II. von Neapel-Sizilien. Die Fotos zeigen das Paar nach einjähriger Ehe und im Jahr 1864.

Erzherzogin Maria Annunziata im Alter von 21 Jahren.

Der Ehe entsprangen insgesamt vier Kinder, darunter die beiden Söhne Erzherzog Franz Ferdinand, der älteste, und Erzherzog Otto, der Vater des nachmaligen und letzten Kaisers, Karl I. Die Aufnahme zeigt die Familie kurz nach der Geburt des zweiten Kindes Otto.

Aus dem Jahr 1860 stammt das Foto Erzherzog Carl Ludwigs mit seiner Gemahlin und deren Bruder Franz II., König von Neapel (in der Bildmitte), mit dem er nicht nur über seine Gemahlin verschwägert war: Franz II. hatte 1859 Marie, eine Schwester der Kaiserin Elisabeth, geheiratet.
Links: Erzherzog Carl Ludwig mit seinen beiden ältesten Söhnen, Erzherzog Franz Ferdinand (links) und Erzherzog Otto, der sehr zärtlich an seinem Vater lehnt.

Erzherzog Franz Ferdinand und Erzherzog Otto im Alter von 22 und 20 Jahren.

Nachdem 1871 Erzherzogin Maria Annunziata gestorben und Erzherzog Carl Ludwig mit vier Kindern im Alter zwischen ein und acht Jahren alleine verblieben war, heiratete er 1873 in seiner dritten und letzten Ehe Maria Theresia, die Tochter des Exkönigs Miguel von Portugal.

Erzherzogin Maria Theresia 1874 im Alter von 19 Jahren. Als ranghöchste Erzherzogin durfte sie Kaiserin Elisabeth, die ab den sechziger Jahren des 19. Jahrhunderts meist auf Reisen war, bei Repräsentationsterminen an der Seite ihres Schwagers, Kaiser Franz Joseph, vertreten.

*K*aiser Franz Joseph mit seinem Großneffen Karl, dem ältesten Sohn Erzherzog Ottos aus dessen Ehe mit Maria Josefa von Sachsen. Erzherzog Karl war damals sieben Jahre alt und stand – nachdem Kronprinz Rudolf schon tot und Erzherzog Franz Ferdinand morganatisch verheiratet war – mit ziemlicher Sicherheit als übernächster Kaiser fest.

Erzherzog Ludwig Victor, der jüngste der Kaiserbrüder, im Alter von etwa 18 Jahren und im Kreis seiner Freunde (mit Fürst Rudolf Lobkowitz, Graf Paul Merveldt und Baron Eduard Stillfried im August 1862).

Erzherzog Ludwig Victor blieb unverheiratet. Als er wegen einer Männerfreundschaft in Wien einen Skandal produzierte, versetzte ihn sein Bruder Kaiser Franz Joseph prompt nach Salzburg, wo er Schloß Klesheim bewohnte. Dort pflegte er in einem sehr eleganten Ambiente ein reges Gesellschaftsleben. Den Reichen und Vornehmen Salzburgs wurden die Dienstagsempfänge bei Erzherzog Ludwig Victor zu einem ›Muß‹.

Empfang im Park des Schlosses Klesheim am 3. Juli 1889: Baronin Kolsberg (Name nicht eindeutig zu lesen), Gräfin Lamberg, Prinz Ferdinand Coburg (rechts außen, der spätere Fürst/Zar der Bulgaren) und mit dem Gesicht zum Betrachter Erzherzog Ludwig Victor.

KAISER FRANZ JOSEPH UND KAISERIN ELISABETH IN IHREN FRÜHEN EHEJAHREN

Aus den fünfziger Jahren, der Zeit der ersten Ehejahre des jungen Kaiserpaares, stammen wenige Fotos, was wahrscheinlich damit zu begründen ist, daß in Österreich noch nicht viel fotografiert wurde. Ein zweiter Grund mag damit zusammenhängen, daß eine erste Tragödie das Familienglück belastete (das erste Kind des Kaiserpaares, Erzherzogin Sofie, war 1855 geboren worden und verstarb 1857 im Alter von zwei Jahren), weshalb sich vor allem die Kaiserin in der ersten Zeit nach dem Unglück nicht gerne in der Öffentlichkeit zeigte. Dem Mädchen Sofie folgten 1856 abermals eine Tochter, Erzherzogin Gisela, und 1858 der ersehnte Thronerbe, Kronprinz Rudolf.

Wie aus den vielen erhaltenen Briefen des Kaisers herauszulesen ist, hegte er von den ersten Lebenstagen seiner Kinder an ein lebhaftes und inniges Interesse für ihre Gesundheit und ihr Wohlbefinden. Und im Unterschied zu seiner Gemahlin spricht aus seinen Zeilen immer der liebevolle Elternteil, der sich als zärtlicher und besorgter Ehemann und Familienvater in nichts von seinen Untertanen unterscheidet: »Was ißt den unser (10 Monate alter) Sohn, seit dem die Marianka (Amme) weg ist? Ich denke so viel an Dich und die Kinder... Adieu, mein herrlicher Engel, erhalte Dich mir und den lieben Kindern (Gisela und Rudolf) recht wohl, ich umarme und küsse Dich tausendmal.« (Brief aus Verona während des Kriegs mit Italien, 9. Juni 1859). Knapp einen Monat später: »Das Unwohlsein der Gisella (sic) ängstigt mich sehr, doch da Du mir nicht darüber telegraphierst, so hoffe ich, daß es wieder gut geht. Sollte die Luft in Laxenburg (einer der Familien-Sommerresidenzen) nicht mehr gut und vielleicht zu feucht sein, so gehe mit den Kindern nach Baden oder Reichenau.« (Verona, 5. Juli 1859)

Gleich den Briefen Kaiser Franz Josephs sprechen die Fotos vom liebevollen Familienvater, gleich den fehlenden Zeilen bei der Kaiserin zeigen die Bilder ausschließlich Elisabeth-Porträts.

Foto nach einem Porträt: Kaiserin Elisabeth im Jahr 1857 im Alter von 20 Jahren.
Ebenfalls nach einem Gemälde: Erzherzogin Gisela und der etwa einjährige Kronprinz Rudolf. *(re.)*

*K*aiser Franz Joseph im Oktober 1859 und Kaiserin Elisabeth im Jahr 1860.

Kaiserin Elisabeth in Schloß Schönbrunn im Herbst 1860.

Aus dieser Zeit (um 1860) stammen auch etliche Fotos der Kinder, die aber meist alleine und vor allem ohne ihre Eltern abgelichtet wurden. Das Alleine-aufgenommen-Werden scheint eine Besonderheit der Anfangszeit der Fotografie gewesen zu sein, als man sich der neuen Technik gegenüber noch etwas steif und unbeholfen benahm und die Aufnahme in erster Linie ›Porträt‹ sein wollte. Aber schon wenige Zeit später entstanden ganz natürliche Familienszenen mit Eltern, Kindern, Säuglingen und Haustieren, die sich in den oberen Gesellschaftsschichten besonderer Beliebtheit erfreuten.

Erzherzogin Gisela und Kronprinz Rudolf in Reichenau, einem Sommeraufenthaltsort der kaiserlichen Familie. Die Kinder stehen vor dem Miniaturforsthaus, das der Kronprinz anläßlich eines Geburtstags geschenkt bekommen hatte. Es enthielt neben dem üblichen Inventar die vollständige Ausrüstung eines Weidmanns en miniature. Über der Eingangstüre empfing den Eintretenden ein Schild mit der Aufschrift: »Ich bin Kronprinz Rudolfs Jägerhaus. Wem's nicht gefällt, der bleibe draus!«

*E*rzherzogin Gisela im Alter von etwa zwei und drei Jahren.

Im Unterschied zu seiner Gemahlin, von der kein einziges Foto mit ihren Kindern existiert, ließ sich Kaiser Franz Joseph – gleich seinem Bruder Erzherzog Carl Ludwig – gerne mit den Kindern und später mit zahlreichen Enkelkindern ablichten.

Kaiser Franz Joseph mit seinen beiden Kindern in Angerers Fotostudio und *(S. 46)* vor einer seiner Jagdvillen mit Erzherzogin Gisela, Kronprinz Rudolf (und Hofgesellschaft) sowie *(S. 47)* der Kaiser im August 1894 in Bad Ischl mit drei seiner Enkelkinder (von der Tochter Marie Valerie).

Ischl, August 1894

Kaiserin Elisabeth zog es indessen vor, sich mit ihren Hunden fotografieren zu lassen (alle Aufnahmen stammen aus der Mitte der sechziger Jahre). Sie wirkt auf den Fotos selten gelöst, und ihr Gesichtsausdruck strahlt immer eine gewisse Anstrengung aus.

Der Kronprinz im Alter zwischen etwa zwei und vier Jahren.

*K*inderschlafzimmer des Kronprinzen Rudolf und Spielzimmer der beiden Kaiserkinder (wahrscheinlich aus Schloß Schönbrunn).

Erzherzogin Gisela und Kronprinz Rudolf von um 1860 bis 1864.

Das Familienidyll, das von allem Anfang an nicht bestanden hatte (sei es wegen des Hofzeremoniells, das ein natürliches Zusammenleben von Eltern und Kindern verhinderte, sei es, weil man wegen der überall und dauernd präsenten Hofgesellschaft gar nicht ›en famille‹ sein konnte oder sei es wegen der immer häufiger anfallenden Reisen der Kaiserin) ›erfanden‹ mehr oder minder begabte Künstler für ihre Gemälde: Kaiserin Elisabeth mit ihren Kindern und einer Hofdame in Venedig 1862.
Die kaiserliche Familie *(S. 53)*: im Bildhintergrund Erzherzog Carl Ludwig mit seiner zweiten Gemahlin, Maria Annunziata, stehend von links nach rechts – Erzherzog Ludwig Victor, Kaiser Franz Joseph, Erzherzogin Charlotte und Erzherzog Ferdinand Maximilian, sitzend – Erzherzogin Sofie mit Kronprinz Rudolf, Kaiserin Elisabeth und Erzherzog Franz Carl sowie auf dem Boden kauernd Erzherzogin Gisela./Aus derselben Zeit stammen zwei Collagen: einmal die nächste Verwandtschaft und ein zweites Mal die Kaiserfamilie im Verein mit einigen Vettern Erzherzogen. *(S. 54)*

GISELLA
RUDOLF
SOFIE
FR.KARL.
FERD.MAX.
CHARLOTTE
VIRIBUS UNITIS
KARL.LUD.
ANUNTIATA
LUD.VICTOR
OESTER:KAISERHAUS
J.C.Stever.Fotogrf.
Wien.Landstrss.Klimschgs.2.
Vervielfältigung
Vorbehalten

*E*ine der wenigen Leidenschaften, die das Kaiserpaar verband, war der Reitsport. Sowohl Kaiser Franz Joseph als auch Kaiserin Elisabeth galten als exzellente und wagemutige Reiter.

Auch die Kinder wurden in frühestem Alter an das Reiten gewöhnt und schon mit ein, zwei Jahren – unter der Obhut eines Lehrers – auf den von der kaiserlichen Familie intensiv betriebenen Sport vorbereitet: Kronprinz Rudolf auf einem Eselchen und auf einem Spielzeugpferd.

Um mit den Tieren vertraut zu werden, erhielten die Kaiserkinder einen Eselswagen zur eigenen Verfügung, der bald zu den beliebtesten Spielzeugen zählte. Erzherzogin Gisela und Kronprinz Rudolf in Reichenau 1862 (nach einem Gemälde und in natura).

Ab dem Jahr 1860 befand sich die Kaiserin auf ausgiebigen Reisen und Kuraufenthalten, die sie in die damals berühmten Bäder oder in die Mittelmeerregion führten. Aus den sechziger Jahren stammen die meisten Fotos von ihr, und wie die handschriftlichen Notizen auf der Rückseite der Aufnahmen belegen, wurden sie größtenteils auch im Ausland gemacht.

Kaiserin Elisabeth *(oben und auf den folgenden Seiten)* in Bad Kissingen (1862 und 1864), in München, zweimal in Wien (1864), in München (1865), in Ofen/Budapest (1866) und anläßlich der Krönung zur Königin von Ungarn (1867).

*D*ie Erziehung des Kronprinzen zum späteren Herrscher und Oberhaupt des Militärs nahm in etwa dieser Zeit ihren verhängnisvollen Anfang. Kronprinz Rudolf im Alter von etwa fünf Jahren in einer Kinderuniform.

*D*as Geschwisterpaar Gisela und Rudolf in Wien (um 1864) und in Bad Ischl (1865). *(S. 64)*

Aus den 60er Jahren stammen Aufnahmen Kaiser Franz Josephs mit seinem Sohn. Sie zeigen den Kaiser in der über alles bevorzugten Jagdkleidung in Bad Ischl und den Kronprinzen in zünftiger, ländlicher Tracht mit Lederhose, Weste und Lodenjacke.
Die Jagd zählte zu den wenigen Leidenschaften, denen der Kaiser, sooft es seine Geschäfte zuließen, regelmäßig nachging. Außer der Villa in Ischl und dem dortigen Jagdgebiet besaß er vor allem in der Steiermark einige Jagdschlösser und Wildbestände. Zu einem der bevorzugten Reviere zählte Eisenerz mit dem Leopoldsteiner See. 1880 erwarb Kaiser Franz Joseph den dortigen Kammerhof und ließ ihn zu einem Jagdsitz umbauen.

Kaiser Franz Joseph und Kronprinz Rudolf im Alter von etwa 35 und sechs/sieben Jahren.

Das Jagdschloß Kammerhof *(oben)* in der Zeit, als Kaiser Franz Joseph es bewohnte.
1872 hatte der Kaiser in Radmer ein Jagdschlößchen *(unten)* erbauen lassen, das über einige Gästezimmer und im ersten Stock über ein kleines Gemach für den Kaiser verfügte.

Direkt an der Mürz liegt das Jagdschloß Mürzsteg, das 1870 erbaut und schon 1879 erweitert wurde. 1902 gestaltete man es gänzlich um (vom Abschluß der Arbeiten zeugt die Fotografie), da Zar Nikolaus II. im darauffolgenden Oktober zur Jagd erwartet wurde, für dessen Empfang Mürzsteg wesentlich vergrößert werden mußte, um einen großen Troß von Dienerschaft und Sicherheitsbeamten beherbergen zu können.

Am Fuß des Höllengebirges, am Ufer des Vorderen Langbathsees, befindet sich noch ein kaiserliches Jagdschloß, von dem sogar zeitgenössische Innenaufnahmen bestehen: Das Schlafzimmer des Kaisers mit dem einfachen Eisenbett, einigen Bildern mit Jagdszenen, einem Kreuz oberhalb des Bettes und einer langen Kordel, die die Verbindung zum diensttuenden Diener herstellte.

Das unvermeidliche Arbeitszimmer, das in jedem kaiserlichen Schloß oder Privathaus eingerichtet war, unterscheidet sich von den anderen durch eleganteres, städtischeres Mobiliar. Mit Ausnahme der Jagdszenenbilder und dem Deckenleuchter aus (wahrscheinlich) Damhirschschaufeln erinnert es an eine Vorstadtvilla.

Abgesehen von einigen wenigen Tagen, die Kaiser Franz Joseph auf der Jagd zubrachte, herrschte der Arbeitsalltag vor, den der Kaiser nach strengen militärischen Regeln abwickelte. Für die Pflichterfüllung hatte er seine eigene Arbeitskleidung ›entworfen‹: die Uniform, die er jedem Zivilanzug vorzog. Es existieren zwar einige Aufnahmen, die den Kaiser anläßlich von Hochzeiten oder anderen Familienfesten in Privatkleidern zeigen, doch die Fotos des Kaisers in Uniform übertreffen sie um ein Vielfaches.

Ein Porträt aus dem Jahr 1865 des sehr gelösten und privaten Kaisers, zwei Brustbilder *(S. 71)* vom Ende der sechziger Jahre und ein sehr repräsentatives Bild aus dem Jahr 1872.

Aus ebendieser Zeit – den mittleren und späten sechziger Jahren – stammen die Fotos der mittlerweile zur Schulreife herangewachsenen Kaiserkinder.
Das Geschwisterpaar Gisela und Rudolf im Jahr 1867, Aufnahmen der elfjährigen Erzherzogin Gisela *(S. 72 f.)* aus demselben Jahr und zwei Porträts des Kronprinzen (von um 1870) im Alter von etwa elf und zwölf Jahren.

Einen Wendepunkt im Leben der Kaiserkinder bedeutete das Jahr 1868, in dem ihre Schwester, Erzherzogin Marie Valerie, das Licht der Welt erblickte. Sie war auf die Bestrebung ihrer Mutter, die eine große Sympathie für die ungarische Nation übrig hatte, als einziges Kind in Ungarn zur Welt gekommen und sollte im Leben der Kaiserin eine große Bedeutung als das ›einzige‹ Kind einnehmen, dem sie ihre Liebe entgegenbringen konnte.

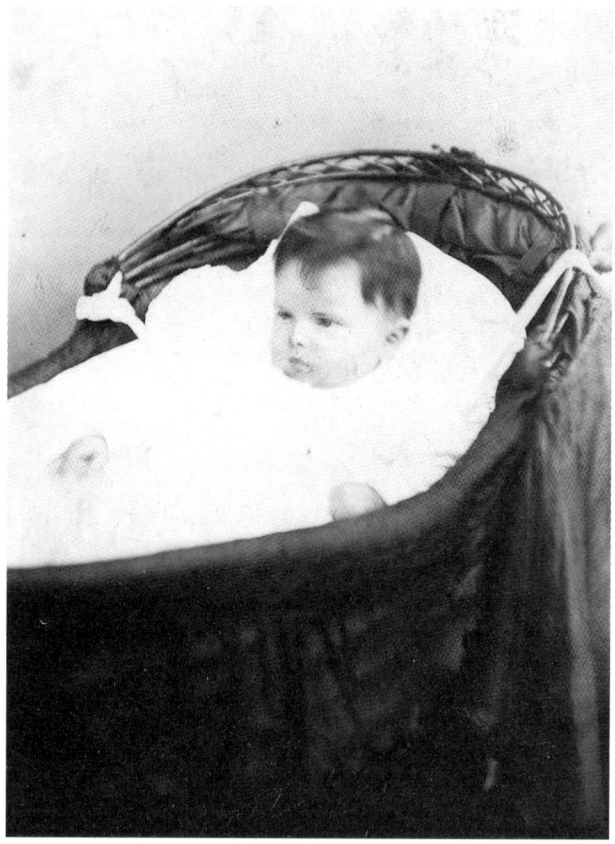

Erzherzogin Marie Valerie im Alter von ein paar Monaten, in einem Münchner Atelier aufgenommen.

Aus dem Jahr 1871 datieren die Fotos der mittlerweile dreijährigen Marie Valerie, die in Ischl gemacht wurden. Eine Aufnahme *(S. 76)* zeigt die beiden Schwestern, Erzherzogin Gisela damals schon im Alter von 15 Jahren, die nur zwei Jahre später auf Bestreben ihrer Mutter einen bayerischen Verwandten der königlichen Linie heiraten sollte.

Eine Aufnahme der etwa fünfjährigen Erzherzogin Marie Valerie in einem ungarischen Fotoatelier.

Selten werden in den folgenden Jahren die Fotos der Erzherzogin Gisela, nur einige Aufnahmen des Kronprinzen dokumentieren die voranschreitende körperliche Entwicklung des Knaben mit den hochsensiblen Gesichtszügen.

Kronprinz Rudolf im Alter von 14 bis 18 Jahren *(S. 78–80)*.

HEIRAT DER ÄLTESTEN TOCHTER, ERZHERZOGIN GISELA

Im Jahr 1873 heiratete die 17jährige Erzherzogin Gisela, Tochter Kaiser Franz Josephs und der Kaiserin Elisabeth, einen Vetter der königlich-bayerischen Linie, Prinz Leopold von Bayern, mit dem sie über beide Großmütter verwandt war. Leopolds Vater Luitpold sollte als ›Prinzregent‹ in die Geschichte Bayerns eingehen. Er übernahm 1886 als stellvertretender Herrscher die Regierungsgeschäfte für seinen ab diesem Jahr – als Nachfolger seines Bruders Ludwig II. – als König eingesetzten, geisteskranken Neffen Otto.

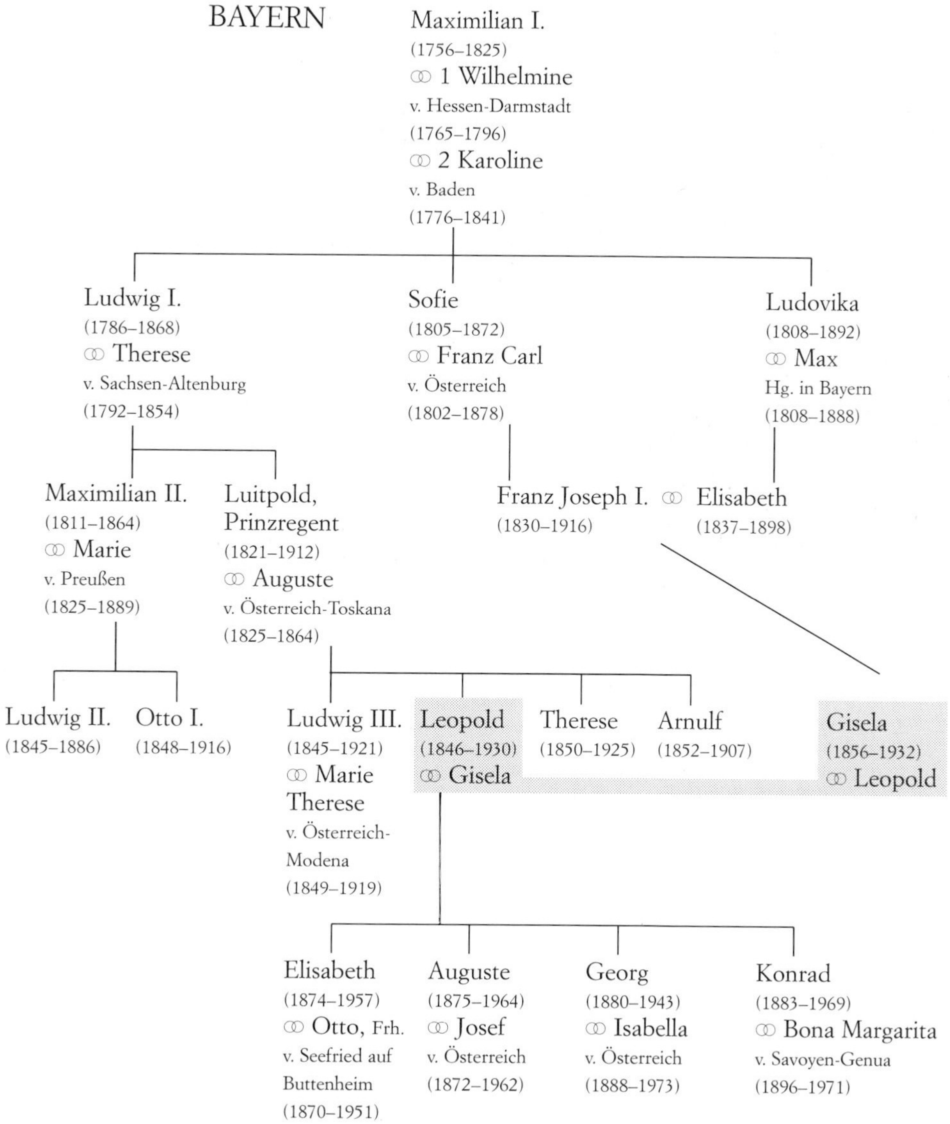

Prinz Luitpold von Bayern in den späten fünfziger Jahren, als noch der Vater Ludwigs II. und Onkel Luitpolds, König Maximilian II., regierte. Auch er war mit einer Habsburgerin, Erzherzogin Auguste, der Tochter des Großherzogs Leopold II. von Toskana, verheiratet. Die Kinder sind (von links nach rechts) Prinz Leopold, der spätere Ehemann von Erzherzogin Gisela, Prinzessin Therese, die unverheiratet blieb und 1925 im Alter von 75 Jahren starb, Ludwig (rechts hinten), der nachmalige König Ludwig III., und Prinz Arnulf von Bayern.

Der älteste Sohn Luitpolds und spätere König Ludwig III. setzte die mehr oder minder erfolgreichen Ehen zwischen Habsburgern und Wittelsbachern fort. Er heiratete im Jahr 1868, aus welcher Zeit das Foto stammt, Erzherzogin Marie Therese, die Tochter Erzherzog Ferdinands von Österreich-Modena.

Fünf Jahre später folgte ihm der nächstälteste Bruder und führte abermals ein Habsburgerin vor den Traualtar: Brautbild von Erzherzogin Gisela und Prinz Leopold von Bayern.

Die Stadt München bereitete Erzherzogin Gisela im April 1873 anläßlich ihrer Hochzeit mit Prinz Leopold von Bayern einen festlichen Empfang.

Aus den frühen Ehejahren stammen die schönsten Fotos der nunmehrigen Prinzessin von Bayern: Gisela anläßlich eines Maskenballs mit Prinz Alfons von Bayern, einem Vetter ihres Ehemanns.

Prinzessin Gisela galt als hervorragende Reiterin, was ihr Vater, Kaiser Franz Joseph, in seinen zahlreichen Briefen immer mit besonderem Stolz vermerkte.

Gisela im Alter von etwa 27 Jahren und bei einem Kostümfest mit ihrem Gemahl.

*I*m Januar 1874 wurde dem Prinzenpaar die erste Tochter geboren. Auf dem Foto: Prinzessin Gisela mit der Erstgeborenen, Prinzessin Elisabeth.

Wenig später folgte eine zweite Tochter, Prinzessin Auguste. Ein Familienidyll aus dem Pinsel eines phantasievollen Malers zeigt das Ehepaar Prinz Leopold von Bayern gemeinsam mit Kaiser Franz Joseph, Kaiserin Elisabeth, Kronprinz Rudolf, Erzherzogin Marie Valerie und den beiden kleinen Töchtern des bayerischen Prinzenpaares anläßlich der Silberhochzeit des Kaiserpaares.

Prinz Leopold von Bayern und seiner Gemahlin wurden insgesamt vier Kinder geboren, die hier gemeinsam mit ihren Eltern etwa im Jahr 1884 abgebildet sind: (von links nach rechts) Prinzessin Elisabeth, ihre Mutter Prinzessin Gisela, das Baby Prinz Konrad, Prinz Georg, der Vater, Prinz Leopold von Bayern, und Prinzessin Auguste.

Eine sehr originelle Aufnahme stammt aus dem Jahr 1882, als Prinzessin Gisela das Salzbergwerk in Berchtesgaden besuchte. Die beiden flankierenden Damen sind Hofdamen (eine Gräfin Mosconi und eine Baronin Leinpökh – beide Namen sehr unleserlich), der männliche Begleiter ist ein Baron Washington.

Eine Auswahl von Kinderfotos der Söhne und Töchter des bayerischen Prinzenpaares aus den achtziger und neunziger Jahren des 19. Jahrhunderts: die Prinzessinnen Elisabeth und Auguste im Alter von acht und sieben Jahren, der zweijährige Prinz Georg, die Prinzen Georg und Conrad um 1883, der fünfjährige Älteste, die Prinzessinnen Elisabeth und Auguste anläßlich ihrer Erstkommunion im Jahr 1886 und Prinzessin Gisela *(S. 94)* mit ihren beiden Töchtern im Jahr 1893.

JOS. LEEB
MÜNCHEN
K.K.Oester. Hofphot.
Schönfeldstrasse 18.

JOS. LEEB
MÜNCHEN
K.K.Oester. Hofphot.
Schönfeldstrasse 18.

Vier Jahre später entstand die Aufnahme der Prinzessin Gisela mit ihren Söhnen Georg und Konrad im Alter von 17 und 14 Jahren, im Jahr 1900 das obenstehende Foto. Auf dieser Aufnahme tritt die Ähnlichkeit der Prinzessin Gisela zu ihrem Vater, Kaiser Franz Joseph, besonders stark hervor, die sich mit zunehmendem Alter noch steigern sollte.

Prinzessin Gisela im Alter von 48 und 52 Jahren.

Den Familienskandal des Jahres 1893 produzierte die älteste Tochter Giselas, Prinzessin Elisabeth, die gegen den Willen der Familie einen sehr unstandesgemäßen Baron Otto von Seefried auf Buttenheim ehelichte. Kaiser Franz Joseph stellte sich zunächst gegen die Verbindung, doch gelang es dem Mädchen, mit Hilfe einiger Finten die Heirat durchzusetzen.

Prinzessin Elisabeth von Bayern als Braut und Baron Otto von Seefried auf Buttenheim 1893, im Jahr ihrer Hochzeit.

*W*esentlich weniger originell heirateten die Geschwister Auguste und Georg von Bayern, die weitere Verbindungen mit Habsburgern eingingen. Im selben Jahr wie ihre Schwester Elisabeth heiratete die 18jährige Auguste Erzherzog Josef August, ihr Bruder Georg ehelichte im Jahr 1912 Erzherzogin Isabella, eine Tochter des Erzherzogs Friedrich, von der er aber schon ein Jahr später wieder geschieden wurde.

Von dem offensichtlich glücklichen Familienleben der Zweitältesten, Auguste, zeugt ein Bilderbogen, der im Jahr 1893 seinen Anfang nimmt und im Jahr 1911 endet: Prinzessin Auguste als Braut, *(S. 100)* das Ehepaar mit dem etwa einjährigen erstgeborenen Erzherzog Josef Franz, die Kinder Josef Franz, Sofie und Ladislaus (eine kleine Tochter Gisela war 1901 im Alter von vier Jahren verstorben), und zuletzt ein besonders zärtliches Bild: Erzherzogin Auguste mit ihrer jüngsten Tochter Magdalene (im Jahr 1911).

HOCHZEIT DES KRONPRINZEN RUDOLF

Gegen den energischen Widerstand der Kaiserin Elisabeth kam im Jahr 1881 die Hochzeit des Kronprinzen mit Prinzessin Stefanie von Belgien zustande. Es war die zweite Verbindung innerhalb zweier Generationen mit dem belgischen Königsgeschlecht: Erzherzog Ferdinand Maximilian, der Onkel des Kronprinzen Rudolf, hatte Prinzessin Charlotte, eine Tante der Prinzessin Stefanie, geheiratet, und anläßlich des tragischen Endes ihres Schwagers, Maximilian von Mexiko, versuchte Kaiserin Elisabeth eine nochmalige Verbindung mit dem belgischen Königshaus zu verhindern. Wie die Geschichte lehrt, kam die Hochzeit im Jahr 1881 zustande, wenn auch das Fest unter keinem guten Stern zu stehen schien: »Es war eine kalte, lieblose Hochzeit, obgleich sich die Wiener nach Kräften zu zeigen bemühten, wie beliebt der junge Erzherzog bei ihnen war. Der Kaiser erwies sich wie stets als vorbildlicher Gastgeber und sorgte umsichtig für das Wohlergehen seiner illustren Gäste... Sogar das Wetter schien sich gegen das ... Brautpaar verschworen zu haben: wie sich Stephanie später erinnerte, schneite es (im Mai), als sie in Laxenburg eintrafen, wo sie ihre Flitterwochen verbringen wollten.« (J. Haslip, Elisabeth von Österreich. München 1966/Köln 1994. S. 356 f.)
Wider Erwarten soll die Ehe in den ersten Jahren glücklich und harmonisch verlaufen sein, da sich Rudolf und Stefanie im Charakter sehr ähnlich waren. Da beide aber ausschließlich auf ein repräsentatives Leben vorbereitet worden waren, fehlte ihnen das Wissen oder Verständnis für ein harmonisches Familienleben. Wahrscheinlich war dies die Hauptursache, warum der Kronprinz eines Tages begann, sein früheres unstetes Leben wiederaufzunehmen und Ehefrau und Tochter ihrem eigenen Schicksal zu überlassen.

Das offizielle Brautbild des Kronprinzen Rudolf mit Prinzessin Stefanie von Belgien.

Festlicher Einzug der Prinzessin Stefanie von Belgien in Wien am 9. Mai 1881.

Die Familie der Prinzessin Stefanie von Belgien: der Vater, König Leopold II. der Belgier, kurz vor seinem Tod im Jahr 1909 und *(S. 105)* Königin Marie Henriette, eine geborene Erzherzogin von Österreich, mit ihren drei Töchtern Luise, Klementine und Stefanie, im Todesjahr des Kronprinzen Rudolf (1889).

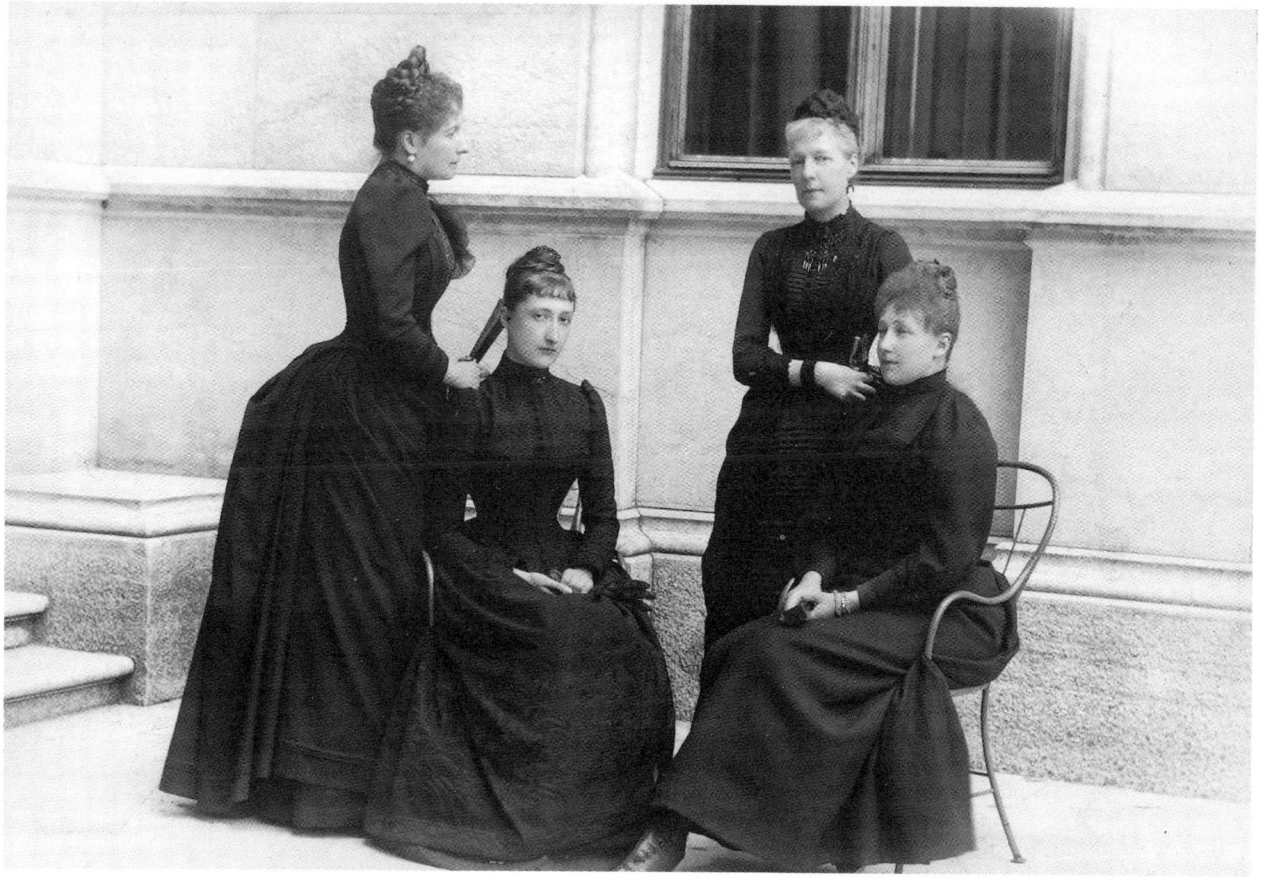

ÖSTERREICH

Franz Carl
(1802–1878)
⚭ Sofie
v. Bayern
(1805–1872)

Franz Joseph I.
(1830–1916)
⚭ Elisabeth
v. Bayern
(1837–1898)

Ferdinand Maximilian
(1832–1867)
⚭ Charlotte

Rudolf
(1858–1889)

Elisabeth
(1883–1963)
⚭ 1 Otto
zu Windischgraetz
(1873–1952)

BELGIEN

Leopold I.
(1790–1865)
⚭ 2 Luise
v. Frankreich
(1812–1850)

Leopold II.
(1835–1909)
⚭ Marie Henriette
v. Österreich
(1836–1902)

Charlotte
(1840–1927)
⚭ Ferdinand
Maximilian

Luise
(1858–1924)
⚭ Philipp
v. Sachsen-
Coburg-Gotha
(1844–1921)

Stefanie
(1864–1945)
⚭ 1 Rudolf
⚭ 2 Elemér
Gf. v. Lónyay
(1863–1946)

Die älteste Schwester von Prinzessin Stefanie heiratete im Jahr 1875 einen Prinzen Philipp von Sachsen-Coburg-Gotha, produzierte aber – unter großer Anteilnahme der Medien – einen Jahrhundertkrach, als sie ihren Mann verließ, um mit einem Bürgerlichen durchzugehen. Die Ehe wurde 1906 geschieden.

Gleich seiner Mutter, der Kaiserin Elisabeth, ließ Kronprinz Rudolf sich offensichtlich nie mit seiner Familie fotografieren. Aus der Zeit seiner Ehe stammen diese beiden repräsentativen Porträtaufnahmen (um 1887).

Im Jahr 1883 wurde das einzige Kind des Kronprinzenpaares, Erzherzogin Elisabeth, geboren. Kronprinzessin Stefanie im Jahr 1885 mit ihrer zweijährigen Tochter, Erzherzogin Elisabeth.

Eine sehr originelle Momentaufnahme stammt ebenfalls aus dem Jahr 1885. Sie wurde in Schloß Miramare gemacht und zeigt Kronprinzessin Stefanie mit ihrem Hofstaat, der Obersthofmeisterin Gräfin Tarouca, den Hofdamen Gräfinnen Resi Pálffy und Sidonie Chotek und dem Obersthofmeister Graf Charly Bombelles auf der Außentreppe des Schlosses.

Erzherzogin Elisabeth im Alter von fünf Jahren in einer Kinderkutsche.

*D*as Jahr 1889 hielt seine Katastrophe gleich am Anfang bereit. Im Januar beging der Kronprinz gemeinsam mit seiner Geliebten, der Baroneß Mary Vetsera, in Mayerling Selbstmord: eines der letzten Fotos des Kronprinzen Rudolf und eine Aufnahme Mary Vetseras, deren Foto auf der Rückseite die handschriftliche Bemerkung eines Familienmitglieds enthält: »… Rudolfs Mörderin, Mayerling 30. Jänner 1889.«

Die Kronprinzessin-Witwe mit ihrer Tochter Elisabeth in den Jahren 1889 und 1891.

Einen ersten kleinen Familienskandal produzierte Erzherzogin Elisabeth, als sie – 18jährig – die Heirat mit Prinz Otto zu Windischgraetz durchsetzte, der ihr als Tochter des Kronprinzen aus mehreren Gründen nicht ebenbürtig war (gemäß der Habsburger Hausgesetze durften Mitglieder der kaiserlichen Familie nur Mitglieder anderer regierender Häuser ehelichen, zudem durfte der Auserwählte kein Untertan sein, wie zum Beispiel ein Prinz Windischgraetz, der nicht einmal der Chef seiner Familie war). Der zweite Skandal folgte im Jahr 1924, als die Ehe wieder geschieden wurde. Schließlich heiratete die Kaiserenkelin in zweiter Ehe sogar den sozialdemokratischen Politiker Leopold Petznek und ging wegen ihrer Mitgliedschaft bei der Sozialdemokratischen Partei als ›rote Erzherzogin‹ in

Aus der Zeit der Ehe mit Prinz Otto zu Windischgraetz stammt dieses Foto der Erzherzogin Elisabeth (um das Jahr 1910).

*D*ie Mutter Elisabeths, die Kronprinzessin-Witwe Stefanie, heiratete in zweiter Ehe Elemér Graf Lónyay *(S. 118),* mit dem sie ein glückliches und harmonisches Familienleben führte. Allerdings bedeutete diese Heirat für sie den Bruch mit ihrem Elternhaus, da König Leopold die Zustimmung zu dieser Verbindung nie gab. Als sie Graf Lónyay trotzdem zum Mann nahm, wurde sie aus der belgischen Königsfamilie ausgeschlossen und mußte darauf verzichten, mit ihren Schwestern jemals wieder Kontakt aufzunehmen.

JUGEND, BRAUTZEIT UND EHE DER JÜNGSTEN KAISERTOCHTER, ERZHERZOGIN MARIE VALERIE

Zahlreich sind die Bilddokumente der jungen Erzherzogin Marie Valerie, für die Kaiserin Elisabeth alle erdenkliche Liebe erübrigte und die sie damit nicht selten zu erdrücken drohte. Trotzdem – oder wahrscheinlich auch deshalb – war ihr keine normale Kindheit beschieden, die sie zum Beispiel im Kampf gegen die ungarische Sprache führte, die ihre Mutter sie zu sprechen nötigte. Wie ihre Schwester Gisela entwickelte sie ein sehr gesundes und natürliches Verhältnis zu ihrem Vater, Kaiser Franz Joseph, den sie liebte und verehrte, und der versuchte, sein Privatleben so oft wie möglich mit ihr zu teilen. Auch nach der Hochzeit seiner beiden Töchter, die dann in Bayern und Niederösterreich lebten, nahm er eifrigen Anteil an deren Familienleben und geriet zu einem außerordentlich euphorischen Großvater, den die Geburt eines jeden Enkels in Glückszustände versetzte. »Wien den 27. Jänner 1892. In Eile und höchster Aufregung will ich Ihnen, liebe Freundin (Katharina Schratt), sogleich melden, daß Valérie um 5 3/4 Uhr glücklich von einem Mädchen entbunden worden ist. Um 4 Wochen zu früh, aber das Kind ist lebensfähig, nicht gar klein und schreit famos.« (Brief Kaiser Franz Josephs an Katharina Schratt) Oder ein Brief aus München vom 12. April 1892, wo der Kaiser seine älteste Tochter Gisela besuchte: »... (ich fuhr gestern) mit meiner Enkelin Elisabeth (älteste Tochter der Prinzessin Gisela) nach Biederstein und Nymphenburg, wo wir im Parke spazieren gingen... Heute Früh muß ich noch mit Elisabeth (dieselbe Enkelin) und Georg (deren Bruder) in den englischen Garten reiten. Das macht den Kindern Freude...« (Brief Kaiser Franz Josephs an Katharina Schratt)

Erzherzogin Marie Valerie im Alter von 13 Jahren und etwa zur selben Zeit mit einer Freundin bei einer Strickarbeit.

Erzherzogin Marie Valerie und ihre Cousine Amalie von Bayern, die Tochter des Herzogs Carl Theodor in Bayern, eines Bruders der Kaiserin Elisabeth.

Die jüngste Kaisertochter mit ihrem Vetter Fürst Taxis (dem Sohn der Elisabeth-Schwester Helene von Thurn und Taxis) und Prinzessin Aglae Auersperg im Jahr 1885.

Erzherzogin Marie Valerie im Kreis von drei Cousinen mütterlicherseits: mit Prinzessin Amalie von Bayern (einer Tochter des Elisabeth-Bruders, Herzog Carl Theodor in Bayern), Maria Theresia (einer Tochter der Elisabeth-Schwester Gräfin Trani) und Luisa Alençon (einer Tochter der Elisabeth-Schwester Herzogin von Alençon) anläßlich des 80. Geburtstags ihrer aller Großmutter, Herzogin Ludovika in Bayern.

Erzherzogin Marie Valerie 1888 im Alter von 20 Jahren
in verschiedenen Ballroben.

Weihnachten dieses Jahres feierte Erzherzogin Marie Valerie gemeinsam mit ihrer Familie und einem Habsburger Vetter, Erzherzog Franz Salvator aus der Toskana-Linie der Familie, mit dem sie sich im Januar 1889 verloben wollte. Wegen des Selbstmordes ihres Bruders Rudolf wurden die Feierlichkeiten aber aufgeschoben, und die Hochzeit fand erst im Sommer des Jahres 1890 statt.

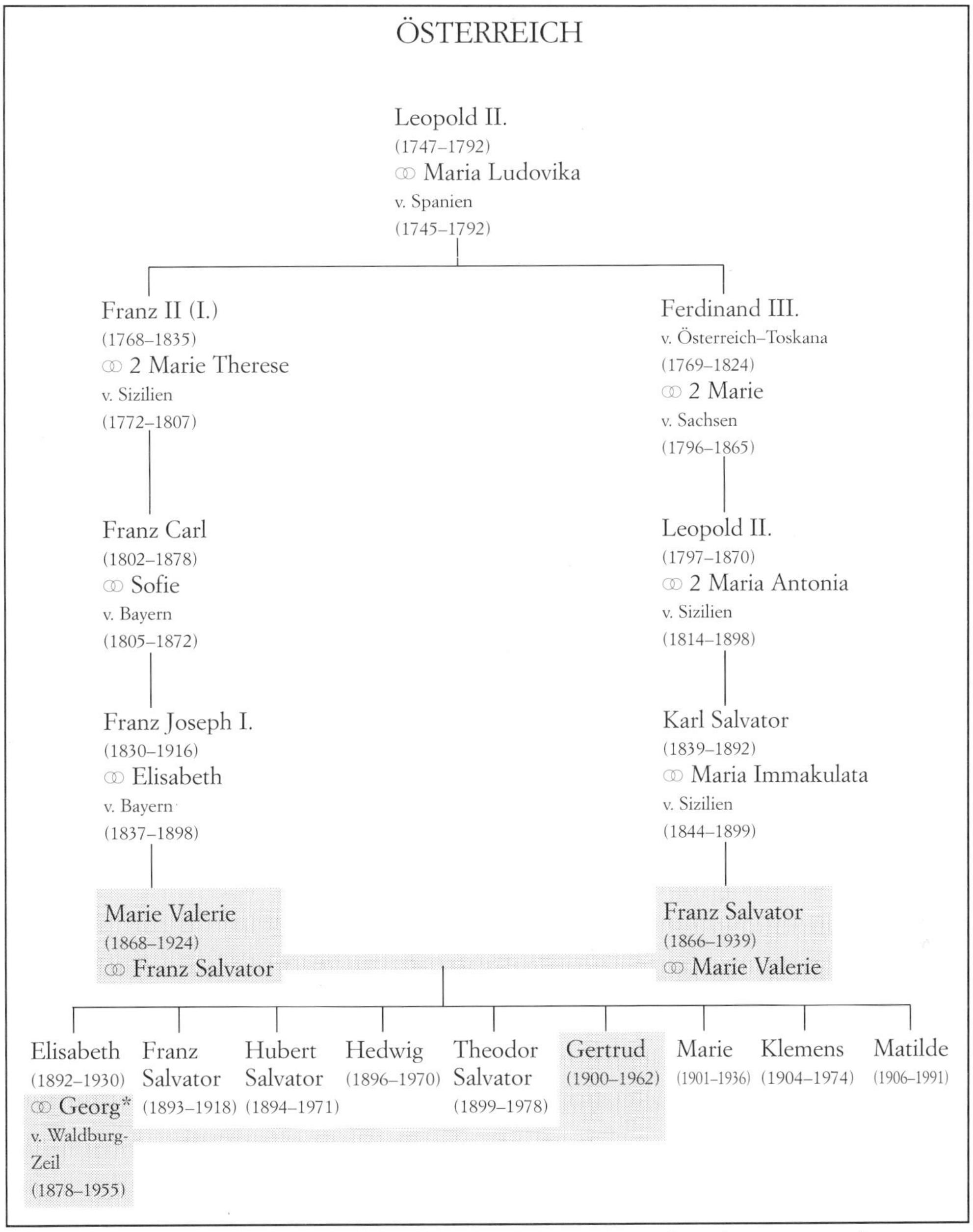

* Georg v. Waldburg-Zeil heiratete in erster Ehe Elisabeth und in zweiter Ehe eine ihrer Schwestern (Gertrud).

Die Kaisertochter Marie Valerie teilte mit ihrem Ehemann Erzherzog Franz Salvator den Ururgroßvater Kaiser Leopold II. In der Generation nach ihr verwirren sich die Verwandtschaftsverhältnisse, da der Ehemann der ältesten Tochter Elisabeth nach deren Tod eine ihrer jüngeren Schwestern heiratete.

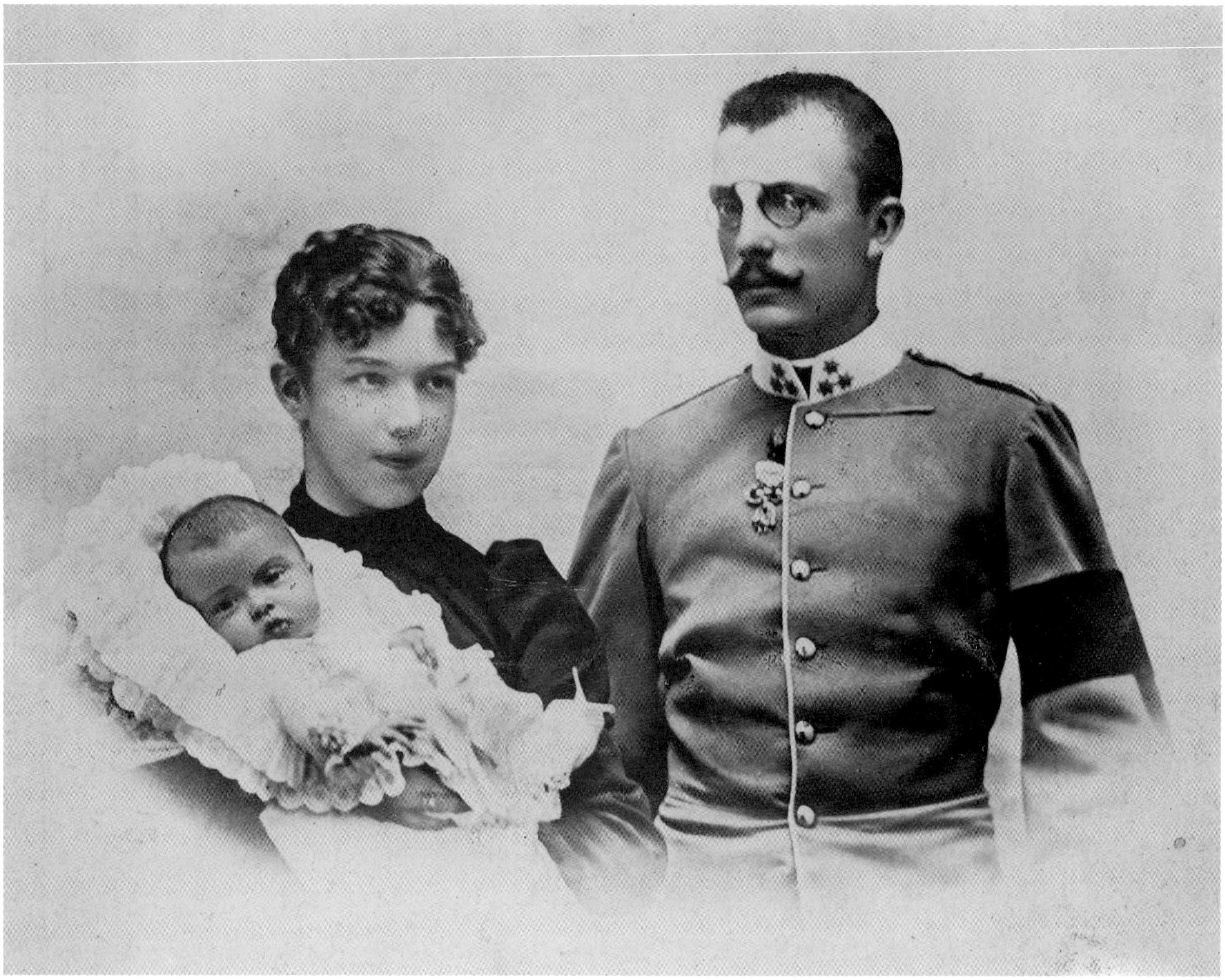

Das erste Kind, eine 1892 geborene Tochter, wurde wie alle ersten Töchter der Geschwister Gisela, Rudolf und Valerie, nach der Großmutter Elisabeth genannt.

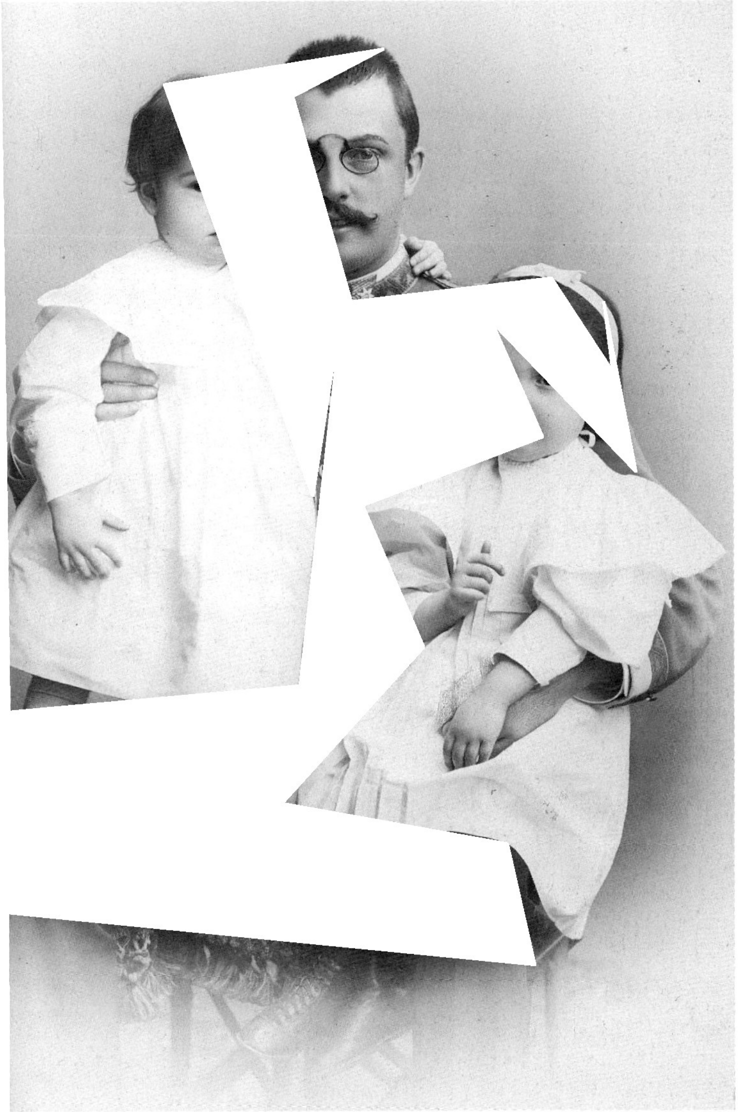

*E*lisabeth folgte 1893 der Bruder Franz Carl Salvator. Aus dem Jahr 1895 stammen die zwei Bilder des Vaters Franz Salvator mit den beiden ältesten Kindern.

Im Jahr 1897 gab es bereits vier Kinder: Erzherzogin Elisabeth (Ella), Erzherzog Hubert Salvator, auf dem Schoß der Mutter die 1896 geborene Erzherzogin Hedwig und rechts von ihr Erzherzog Franz Carl Salvator.

Jedes Jahr im Sommer veranstalteten die Kinder der Erzherzogin Marie Valerie in Bad Ischl kleine Theateraufführungen und Spiele, die zu Ehren des Großvaters Kaiser Franz Joseph an seinem Geburtstag am 18. August vorgeführt wurden: Ella, Franz Carl Salvator, Hubert Salvator und Hedwig in den Jahren 1898 und 1904 *(oben und S. 132)*.

18. August 1904.

Ebenfalls an einem Geburtstag des Kaisers, am 18. August 1900, wurde dieses Foto gemacht. Es zeigt vor der Villa in Bad Ischl Kaiser Franz Joseph hinter den vier ältesten Kindern Erzherzogin Marie Valeries, neben dem Kaiser Prinz Georg von Bayern, der älteste Sohn der Prinzessin Gisela, Erzherzogin Elisabeth, die Tochter des Kronprinzen, hinter ihr, leicht verdeckt, Erzherzog Ludwig Victor, den jüngsten Bruder des Kaisers, Prinzessin Gisela von Bayern, Prinzregenten Luitpold von Bayern, den Schwiegervater der Prinzessin Gisela, und vorne sitzend Erzherzogin Marie Valerie.

Aus dem Jahr 1905 stammt das beinahe komplette Familienbild (es fehlte noch eine Tochter, die ein Jahr später zur Welt kommen sollte): das Ehepaar Erzherzog Franz Salvator mit den Kindern Elisabeth, Franz Carl Salvator, Hubert Salvator, Hedwig, Theodor Salvator, Gertrud, Marie und das Baby Klemens Salvator (in der Reihe ihres Alters, geboren zwischen 1892 und 1904).

*E*in vollständiges Familienbild (wahrscheinlich aus dem Jahr 1912) mit der 1906 hinzugekommenen Erzherzogin Matilde, die links neben ihrer Mutter sitzt, und oben ein Foto, das ein wenig später mit Erzherzog Franz Salvator und seinen fünf Töchtern aufgenommen wurde.

Eine fröhliche Runde vor einem der Jagdhäuser des Erzherzogs Ludwig Victor. Auf der Bildrückseite sind zehn Personen namentlich angeführt, es befinden sich aber elf Personen auf dem Foto. Die Originalunterschrift lautet: »Erzherzogin Valérie, Ella, Hedwig, Gertrude, Maria, Fstn. Ehgin. Windischgraetz [Elisabeth, die Tochter des Kronprinzen Rudolf], Gfin. Bombelles, Gf. Bellegarde, Adi Gudenus u. ich [Erzherzog Ludwig Victor].«

Während des Ersten Weltkriegs wurde die Aufnahme Erzherzog Franz Salvators mit seinen beiden ältesten Söhnen, Franz Carl Salvator und Hubert Salvator, gemacht.

Im Jahr 1912 heiratete Ella, die älteste Tochter Erzherzogin Valeries, Graf Georg Waldburg-Zeil, mit dem sie auf Schloß Syrgenstein in Deutschland lebte und vier Kinder zur Welt brachte. Sie starb im Jahr 1930, worauf ihr Ehemann eine ihrer Schwestern, Erzherzogin Gertrude, zur Frau nahm.

KÖNIGE VON BAYERN UND HERZOGE IN BAYERN
DIE FAMILIE DER KAISERIN ELISABETH

Über ihre Mutter, eine geborene Prinzessin von Bayern, entstammte Kaiserin Elisabeth (wie auch Kaiser Franz Joseph) dem königlichen Zweig der bayerischen Wittelsbacher. Der Vater der Prinzessin Ludovika regierte als König Max I. ab dem Jahr 1805 Bayern. Er war in erster Ehe mit Wilhelmine von Hessen-Darmstadt verheiratet, die ihm vier Kinder schenkte, darunter der spätere König Ludwig I. und Prinzessin Caroline Auguste, die vierte Gemahlin Kaiser Franz' II. (I.)
Väterlicherseits stammte Kaiserin Elisabeth ebenfalls von Wittelsbach ab. Ihr Vater, Herzog Max in Bayern, war der zweite Inhaber der neugegründeten Herzogswürde, die er von seinem Großvater, Herzog Wilhelm, geerbt hatte. Dieser war von König Maximilian I. aus Dankbarkeit für die Mithilfe am Erhalten der bayerischen Herrschaft in den Herzogsstand erhoben worden. Dem früh verwitweten, exzentrischen und psychisch labilen Sohn Pius setzte er eine Rente aus, machte aber schon zu dessen Lebzeiten den Enkel Maximilian, Vater der nachmaligen Kaiserin Elisabeth, zum Chef der Linie der Herzoge in Bayern. Um die Würde gesellschaftlich aufzuwerten, beschlossen Herzog Wilhelm und der König von Bayern, ihn mit der Königstochter Ludovika zu verheiraten. Sie war eine Cousine zweiten Grades, da Maximilians Großmutter und Ludovikas Großvater Geschwister gewesen waren.

*I*n zweiter Ehe heiratete König Max I. Prinzessin Karoline von Baden, die insgesamt sieben Kinder zur Welt brachte, darunter die zwei Mädchenzwillingspaare Elisabeth/Amalie, Sofie/Marie und Ludovika, unter denen sich sowohl die Mutter Kaiser Franz Josephs als auch die Mutter der Kaiserin Elisabeth befanden. Zum Andenken an Königin Karoline von Bayern wurde im Garten des Schlosses Tegernsee eine Büste errichtet.

Der Halbbruder dieser Schwestern (aus der ersten Ehe des Vaters König Maximilian I.), Kronprinz Ludwig von Bayern, regierte als König Ludwig I. von 1825 bis zum Jahr 1848, in dem er zugunsten seinen Sohnes Maximilian abdankte.

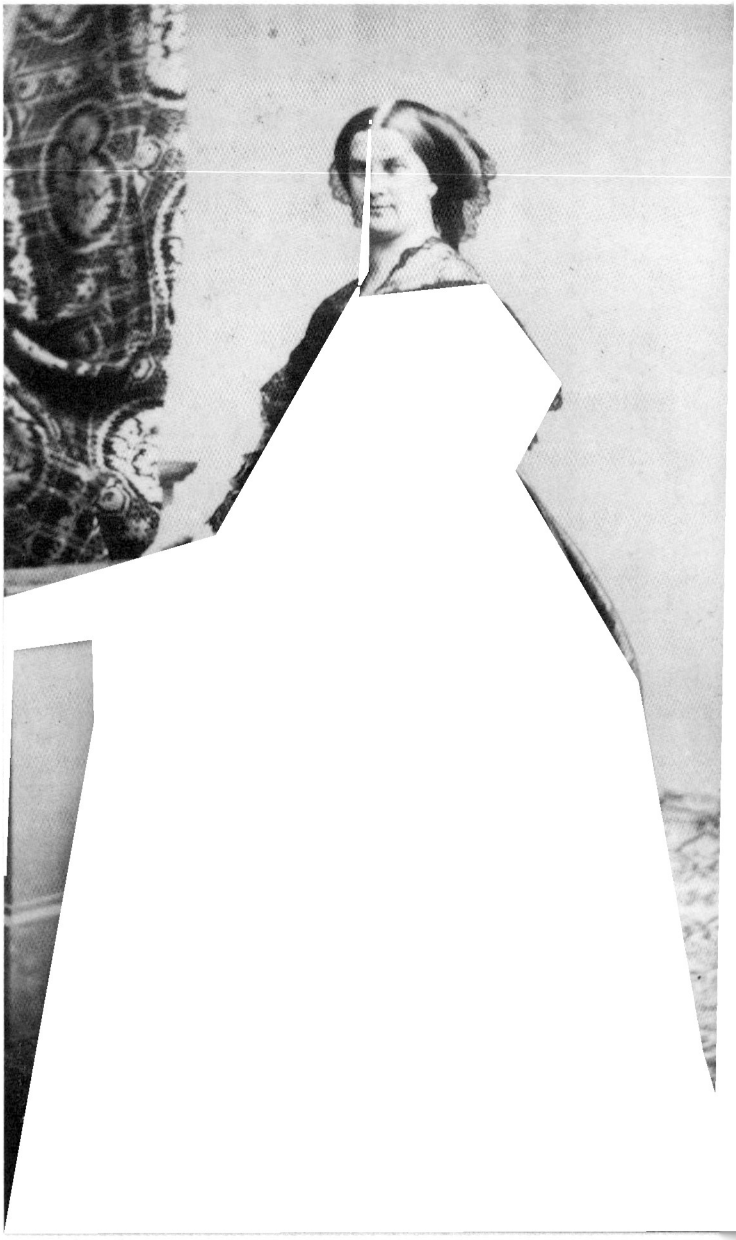

König Maximilian II. und Königin Marie von Bayern, eine geborene Prinzessin von Preußen. Sie wurden die Eltern des unglücklichen Brüderpaares Ludwig und Otto, die einander als Könige von Bayern folgten und mit zunehmendem Alter dem Wahnsinn verfielen.

*K*ronprinz Ludwig und Prinz Otto von Bayern gegen Ende der fünfziger Jahre des 19. Jahrhunderts.

König Ludwig II. von Bayern, der Erbauer zahlreicher bayerischer Schlösser und Förderer Richard Wagners, im Alter von 28 Jahren.

Sein Bruder und Nachfolger, König Otto I. von Bayern, für den wegen des fortgeschrittenen geistigen Verfalls ein Onkel, Prinzregent Luitpold von Bayern, der Schwiegervater der Erzherzogin Gisela, regierte.

Der Vater der Kaiserin Elisabeth entstammte einer Nebenlinie der Wittelsbacher und führte den Titel eines Herzogs in Bayern, eine Würde, die erst seit seinem Großvater, Herzog Wilhelm in Bayern, bestand. Herzog Max in Bayern galt als liberaler Freidenker, er reiste viel und pflegte eine Menge ›unfürstlicher‹ Leidenschaften (er besaß einen eigenen Privatzirkus, er spielte Zither und musizierte in bayerischen Wirtshäusern, er beschäftigte sich eingehend mit den Schriften des damals verpönten Schriftstellers Heinrich Heine und dichtete unter einem Pseudonym) – Herzog Max in Bayern im Alter von etwa 40 Jahren.

Herzoge in BAYERN

Maximilian
(1808–1888)
⚭ Ludovika
v. Bayern
(1808–1892)

Ludwig
(1831–1920)
⚭ 1 Henriette
Mendel
(1833–1891)
⚭ 2 Antonie
Barth
(1871–?)

Wilhelm
(1832–1833)

Helene
(1834–1890)
⚭ Maximilian
v. Thurn und Taxis
(1831–1867)

Elisabeth
(1837–1898)
⚭ Franz Joseph I.
v. Österreich
(1830–1916)

Karl Theodor
(1839–1909)
⚭ 1 Sophie
v. Sachsen
(1845–1867)
⚭ 2 Marie Josefa
v. Portugal
(1857–1943)

Marie
(1841–1925)
⚭ Franz II.
v. Sizilien
(1836–1894)

Matilde
(1843–1925)
⚭ Ludwig
Gf. Trani
(1838–1886)

Sofie
(1847–1897)
⚭ Ferdinand
v. Alençon
(1844–1910)

Max
(1847–1893)
⚭ Amalie
v. Sachsen-Coburg-Gotha
(1848–1894)

Den Mittelpunkt der Familie der Kaiserin Elisabeth bildete die Mutter, Herzogin Ludovika in Bayern, die von ihren Kindern liebevoll Mimi gerufen wurde. Herzogin Ludovika umgeben von ihren Kindern Matilde, Max Emanuel und Carl Theodor (rechts außen).

Es ist bekannt, daß Kaiserin Elisabeth eine starke Beziehung zu ihrer Mutter und ihren Geschwistern hegte. Wo immer sie sich auf der Welt befand und wann immer sie Unterstützung von zu Hause bedurfte, pflegte sie ihre Mutter oder eines ihrer Geschwister nachkommen zu lassen. Sie teilte mit ihrer Familie alle Geheimnisse, in die nicht einmal der Kaiser eingeweiht werden durfte, und sie ließ sich (wenn man von dem einen Habsburger Familienfoto aus dem Jahr 1859 und einigen Schnappschüssen absieht) ausschließlich mit ihrer Mutter und ihren Geschwistern fotografieren.

Kaiserin Elisabeth und ihre Schwester Erbprinzessin Helene Thurn und Taxis auf Korfu (im Jahr 1860). Die Kaiserin hatte sich damals psychisch schlecht und alleine gefühlt, weshalb sich ihre Schwester kurzerhand vom Ehemann und zwei Babys trennte, um Elisabeth nachzureisen und sechs Wochen lang auf ihre Seele positiv einwirken zu können.

Abermals mit Schwester Helene Thurn und Taxis und dem Lieblingsbruder Carl Theodor ›Gackel‹ in Bad Kissingen im Jahr 1862.

Herzogin Ludovika in Bayern umringt von vier ihrer Kinder: (von links nach rechts) Matilde, Kaiserin Elisabeth, Carl Theodor und Maximilian.

Ein interessantes Bild mit Wittelsbachern und immerhin einem Habsburger: (von links) Königin Marie von Neapel, eine Schwester der Kaiserin Elisabeth, Erzherzog Ludwig Victor, der jüngste Bruder Kaiser Franz Josephs, Erbprinzessin Helene von Thurn und Taxis, der jüngste Bruder der Kaiserin, Maximilian, und die Kaiserin selbst.

*K*aiserin Elisabeth und ihr Bruder Carl Theodor und noch einmal im Kreis der Geschwister Matilde, Helene und Carl Theodor.

Carl Theodor, der spätere Chef der Linie der Herzoge in Bayern, war nicht nur der erklärte Lieblingsbruder der Kaiserin, sondern auch das über alles geliebte Kind der Herzogin Ludovika in Bayern, weshalb auch sehr viele Familienfotos der Herzogin im Kreis der ›Gackelschen‹ (das war die familieninterne Bezeichnung der Familie Carl Theodors) existieren.

Herzogin Ludovika mit ihrer Enkelin Amalie, der ältesten Tochter Carl Theodors aus dessen erster Ehe mit Prinzessin Sofie von Sachsen, und dem Hund Bummerl (im Jahr 1879).

Herzog Carl Theodor mit seiner Mutter und der zweiten Gemahlin, Marie Josefa von Portugal, und den Kindern (gemäß ihres Alters) Amalie, Sofie, Elisabeth, Marie Gabriele und dem ersten Sohn Ludwig Wilhelm.

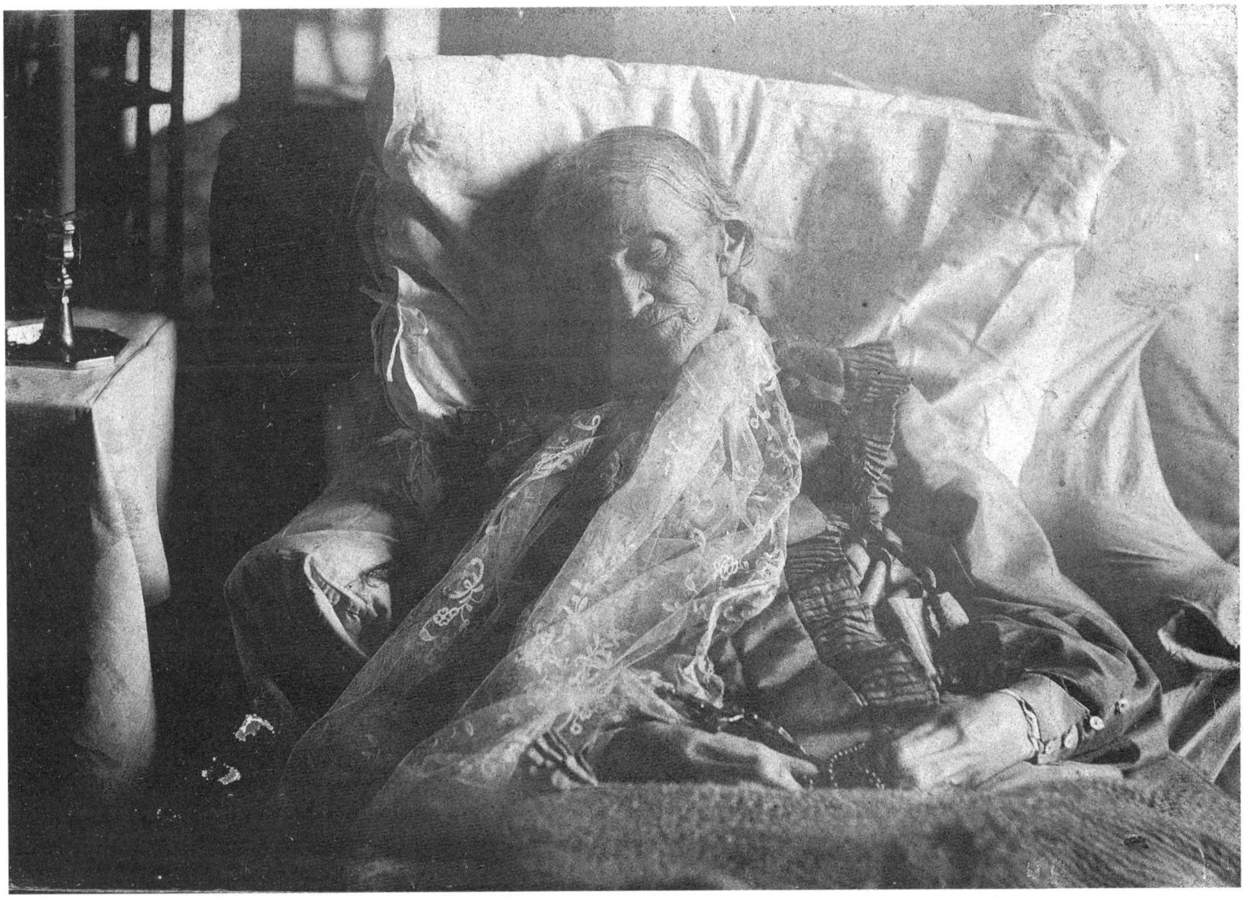

Herzogin Ludovika in Bayern am Totenbett, die am 26. Januar 1892 gestorben und ihren Kindern bis zu ihrem Lebensende ein Mittelpunkt gewesen war.

Die Züge der von allen geliebten Toten wurden von einem Künstler (W. Rümann?, Mai 1892) festgehalten, auf der Rückseite des Fotos steht folgende Widmung: »Marmorstatue der Hzgin. Luisa in Bayern, von ihrem geliebten Schwiegersohn, Kg. v. Neapel [Franz II., Ehemann der Tochter Marie] in der Capelle des Palais in München, gestiftet.«

Der älteste Bruder der Kaiserin Elisabeth, Ludwig, war 1831 geboren worden und heiratete 1859 eine Bürgerliche, weshalb nach dem Tod des Vaters nicht er, sondern sein nächster Bruder, Carl Theodor, Chef der Linie der Herzoge in Bayern wurde.

Die Schauspielerin Henriette Mendel, die anläßlich ihrer Hochzeit mit Herzog Ludwig in den Freiherrenstand erhoben wurde und ab 1859 den Titel einer Freifrau von Wallersee führte.

Der Ehe entsprang eine Tochter, Marie (eine hervorragende Reiterin, hier auf dem Bild mit ihrem Vater), die ebenfalls den Namen einer Freifrau von Wallersee führte und später in erster Ehe einen Grafen Larisch heiratete. Sie wurde in frühen Jahren zur Lieblingsnichte der Kaiserin erkoren und durfte sie auf vielen Reisen begleiten. Durch den Kronprinzen und die Familie Vetsera wurde sie in die unrühmliche Mayerlinggeschichte verstrickt, weshalb sie nach dem Tod ihres Vetters Rudolf und der Baroneß Vetsera vom Hof verbannt wurde. Als Rechtfertigung für ihre Unschuld an der Tragödie verfaßte sie unter dem Namen einer Gräfin Larisch-Wallersee ihre Memoiren, worin sie ihre Geschichte an der Seite der Kaiserin und die Zusammenhänge mit der Mayerlingaffäre aus ihrer Sicht darstellte.

Als die Ehefrau Ludwigs, Henriette Wallersee, 1891 starb, heiratete ihr Ehemann ein Jahr später noch einmal eine Bürgerliche, die um 40 Jahre jüngere Antonie Barth (ab 1892 von Bartolf). Die Ehe wurde aber 1913 wieder geschieden. Das Verlobungsfoto aus dem Jahr 1892 stellt einen wesentlich ›verjüngten‹ Herzog Ludwig in Bayern dar, der schon im Jahr 1878 *(re.),* also 14 Jahre vor der zweiten Heirat, alle Anzeichen eines Mannes vom Übergang zum sechsten Lebensjahrzehnt

Prinzessin Helene, die älteste Schwester der Kaiserin Elisabeth, war ursprünglich als Ehefrau Kaiser Franz Josephs ausersehen gewesen. Sie heiratete 1858 Erbprinz Maximilian von Thurn und Taxis, mit dem sie eine überaus glückliche Ehe führte.

Fürsten von THURN UND TAXIS

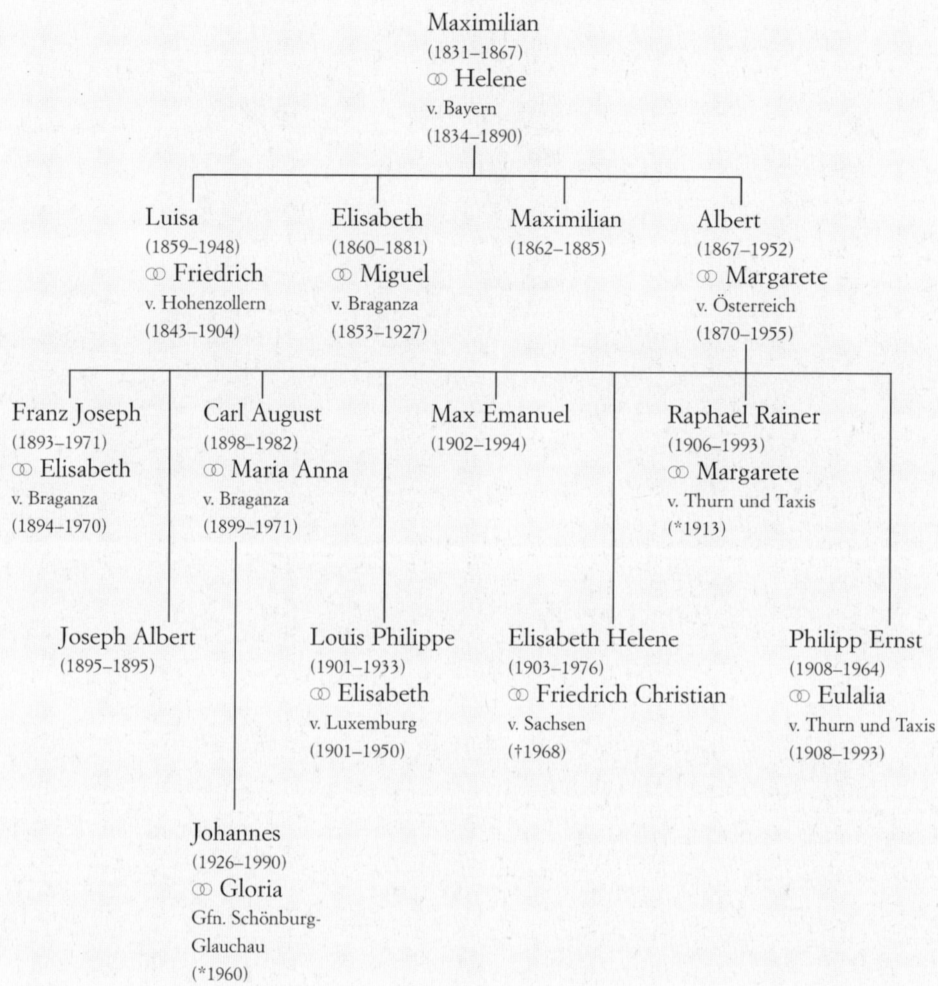

Die als Braut von Kaiser Franz Joseph verschmähte Prinzessin Helene von Bayern, die älteste Schwester der Kaiserin Elisabeth, heiratete später Erbprinz Maximilian von Thurn und Taxis und wurde damit Urgroßmutter des kürzlich verstorbenen Fürsten Johannes.

Erbprinz Maximilian von Thurn und Taxis, der 1867 nach nur neunjähriger Ehe starb.

Der Ehe entstammten vier Kinder, unter anderem die zweitgeborene Tochter Prinzessin Elisabeth (auf dem Bild mit ihrer Mutter in Tegernsee 1863).

Aus den sechziger Jahren datieren diese Aufnahmen von Helene Thurn und Taxis, bei der in dieser Zeit eine stets lehnende, beinahe liegende Sitzstellung ins Auge fällt.

Helene von Thurn und Taxis im Jahr 1881 und im Jahr 1890, kurz vor ihrem Tod.

Die beiden Söhne des Erbprinzenpaares Thurn und Taxis, Maximilian (›Manni‹) und Albert (›Bubi‹). Als Maximilian 1885 im Alter von nur 23 Jahren starb, fielen Erbe und Titel an den nächstältesten Bruder Albert.

Fürst Albert im Jahr 1885 nach dem Tod des Bruders Maximilian als neuer Chef des Hauses Thurn und Taxis.

Albert heiratete 1890 Erzherzogin Margarete, eine Tochter Erzherzog Josefs von Österreich.

Fürst Albert Thurn und Taxis, der Großvater des vor kurzem verstorbenen Fürsten Johannes, mit seinem Erstgeborenen, Franz Joseph. Der Fürst liebte es, perfekt und elegant gekleidet zu sein, und ließ sich außerordentlich gerne fotografieren. Für einen Mann seiner Zeit trug er auffallend viel Schmuck an der linken Hand (siehe auch S. 169).

Fürst Albert Thurn und Taxis im Kreis seiner Familie (ein Sohn, Joseph Albert, war zu dieser Zeit schon als Säugling verstorben). Links außen der Zweitgeborene, Carl August, der Vater des kürzlich verstorbenen Fürsten Johannes.

Zurück zu den Geschwistern der Kaiserin Elisabeth: ihr Bruder Herzog Carl Theodor in Bayern, der zweitgeborene Sohn (eigentlich der drittgeborene, da ein kleiner Bruder, Wilhelm, dazwischenlag, der im Alter von einem Jahr verstorben war) und erklärter Liebling der Familie, im Alter von etwa 25 Jahren.

*H*erzog Carl Theodor heiratete 1865 Prinzessin Sofie, die Tochter König Johanns von Sachsen.

Herzoge in BAYERN

Karl Theodor
(1839–1909)
⚭ 1 Sofie
v. Sachsen
(1845–1867)
⚭ 2 Marie Josefa
v. Portugal
(1857–1943)

Children of the 1st marriage:

- Amalie (1865–1912) ⚭ Wilhelm v. Urach (1864–1928)

Children of the 2nd marriage:

- Sofie (1875–1957) ⚭ Hans Veit zu Toerring-Jettenbach (1862–1929)
- Elisabeth (1876–1965) ⚭ Albert v. Belgien (1875–1934)
- Marie Gabriele (1878–1912) ⚭ Rupprecht v. Bayern (1869–1955)
- Ludwig Wilhelm (1884–1968) ⚭ Eleonore zu Sayn-Wittgenstein Berleburg (1880–1965)
- Franz Joseph (1888–1912)

Aus etwa dieser Zeit stammt das Foto der ›beiden Sofien‹, der offensichtlich schwangeren Ehefrau Carl Theodors und seiner gleichnamigen Schwester, der späteren Herzogin von Alençon.

Sofie, die Ehefrau Carl Theodors, starb 1867 und hinterließ eine zweijährige Tochter, Amalie. Carl Theodor betrauerte lange Zeit die geliebte Gemahlin und konnte sich erst im Jahr 1874 entschließen, noch einmal zu heiraten: Herzog Carl Theodor in Bayern und Prinzessin Marie Josefa, Tochter des Exkönigs Miguel von Portugal (beide Fotos aus dem Jahr 1874).

Maria Josefa mit ihrer erstgeborenen Tochter Sofie und der etwa neunjährigen Prinzessin Amalie, ihrer Stieftochter aus der ersten Ehe ihres Mannes Carl Theodor mit Prinzessin Sofie von Sachsen.

Aus dem Jahr 1883 stammt diese Aufnahme des Ehepaars anläßlich eines Maskenballs in München.

Maria Josefa mit ihren drei Töchtern Sofie, Marie Gabriele und Elisabeth, zu denen sich im Januar 1884 der erste Sohn Ludwig gesellte (im Korb).

Taufe Herzog Ludwig Wilhelms mit zahlreicher Verwandtschaft (nach einem Gemälde).

Der Täufling, Herzog Ludwig, im Steckkissen.

Herzog Carl Theodor in Bayern im Alter von etwa 50 Jahren, der Augenarzt geworden war und den Beruf bis zu seinem Lebensende erfolgreich ausübte. Er führte als einer der ersten Ärzte Operationen an mit dem grauen Star befallenen Patienten durch.

Ein privater Schnappschuß aus dem Jahr 1894: Herzog Carl Theodor in Bayern an Bord der »Greif«, dem kaiserlichen Luxusdampfer (im Bildhintergrund unter den Personen mit dem Rücken zum Betrachter Kaiserin Elisabeth und Kaiser Franz Joseph).

*D*ie älteste Tochter Amalie, aus der ersten Ehe Carl Theodors mit Prinzessin Sofie von Sachsen, heiratete im Jahr 1892 Herzog Wilhelm von Urach (auf dem Bild links mit drei Kindern und der Stiefmutter Herzogin Maria Josefa).

Die Herzogin von Urach im Alter von etwa 35 Jahren.

Die 25jährige Sofie, älteste Tochter Herzog Carl Theodors aus der zweiten Ehe, im Jahr 1890.

*B*rautfoto der Prinzessin Sofie und des Grafen Hans Veit zu Toerring-Jettenbach (1898).

Zwei Fotos von Elisabeth *(oben und S. 188),* der dritten Tochter Herzog Carl Theodors in Bayern, die 1900 Prinz Albert von Belgien heiratete. Er war ein Neffe König Leopolds II. und Vetter der österreichischen Kronprinzessin Stefanie. Nach dem Tod eines kleinen Sohnes des Königs und dem Tod seines ältesten Bruders Balduin (Baudouin) war er ab dem Jahr 1891 Thronfolger und bestieg 1909 als König Albert den belgischen Thron. Er und seine Gemahlin Elisabeth wurden Großeltern der beiden Könige Balduin (Baudouin) und Albert.

C.STUFFLER
MÜNCHEN

BELGIEN

- Leopold I. (1790–1865) ⚭ 2 Luise v. Frankreich (1812–1850)
  - Leopold II. (1835–1909) ⚭ Marie Henriette v. Österreich (1836–1902)
    - Leopold (1859–1869)
  - Philipp (1837–1905) ⚭ Maria v. Hohenzollern-Sigmaringen (1845–1912)
    - Balduin (1869–1891)
    - Albert I. (1875–1934) ⚭ Elisabeth v. Bayern (1876–1965)
      - Leopold III. (1901–1983) ⚭ Astrid v. Schweden (1905–1935)
        - Balduin I. (Baudouin) (1930–1993) ⚭ Fabiola Mora y Aragon (*1928)
        - Albert II. (*1934) ⚭ Paola Ruffo di Calabria (*1937)

Heiraten zwischen Mitgliedern der österreichischen und der bayerischen Regentenfamilie mit denen des belgischen Königshauses zählten zu den beliebten Zusammenschlüssen. So wurde eine Nichte der Kaiserin Elisabeth die Großmutter der beiden zuletzt regierenden Könige Balduin/Baudouin und Albert.

Prinzessin Marie Gabriele, die vierte und letzte Tochter Herzog Carl Theodors in Bayern, im Alter von 19 Jahren.

*M*arie Gabriele heiratete (wie ihre Schwester Elisabeth im Jahr 1900) einen Vetter der königlich-bayerischen Linie, Kronprinz Rupprecht von Bayern, den Sohn des letzten regierenden Königs (Ludwig III.) von Bayern.

Zwei Töchter Herzog Carl Theodors in Bayern: (links) Marie Gabriele, Kronprinzessin von Bayern, und Gräfin Sofie zu Toerring-Jettenbach mit ihren Söhnen.

*D*iese Aufnahme des mittlerweile zweijährigen Luitpold mit seiner Mutter Marie Gabriele von Bayern, der im Alter von 13 Jahren starb, entstand 1903.

Die beiden Söhne Herzog Carl Theodors in Bayern, Ludwig Wilhelm und Franz Josef *(S. 195)*. Mit ihnen starb die Linie der Herzoge in Bayern aus, da Ludwig Wilhelm heiratete, aber ohne Nachkommen verblieb, und Franz Josef 1912 im Alter von 24 Jahren, unverheiratet geblieben, verstarb.

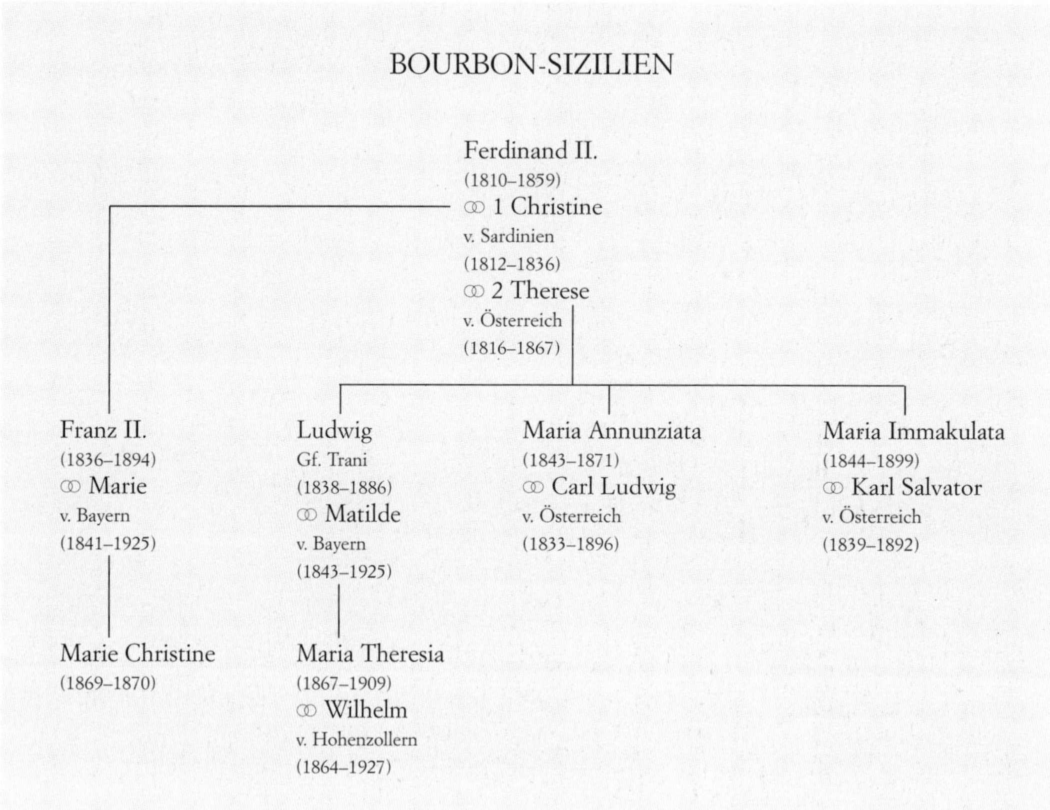

Interessante Verwandtschaftsverhältnisse ergaben sich durch die zahlreichen Bourbonen-Ehen. Zwei Brüder, König Franz II. von Neapel und Ludwig Graf Trani, heirateten zwei Schwestern der Kaiserin Elisabeth. Eine Schwester von ihnen, Maria Annunziata, wurde die Ehefrau Erzherzog Carl Ludwigs, des Bruders Kaiser Franz Josephs, und eine andere Schwester, Maria Immakulata, heiratete Erzherzog Karl Salvator und wurde später die Schwiegermutter der Kaisertochter Marie Valerie.

*E*ine Generation zurück zu den Geschwistern der Kaiserin Elisabeth. Eine der schillerndsten Persönlichkeiten ihrer Familie war ihre Schwester Marie. Sie heiratete 1859 König Franz II. beider Sizilien aus dem Haus Bourbon und wurde schon bald gemeinsam mit ihm vom Thron und aus dem Land vertrieben. Lange Zeit konnte sie den Truppen Cavours und Garibaldis Widerstand leisten und eroberte sich ihren Platz in der Geschichte als Heldin von Gaëta, als welche sie Burg und Bevölkerung heldenhaft verteidigte.

Königin Marie von Neapel mit zwei ihrer Schwägerinnen, Maria Annunziata (mit der sie durch deren Heirat mit dem Bruder Kaiser Franz Josephs, Carl Ludwig, noch einmal verschwägert wurde) und Maria Immakulata, die Erzherzog Karl Salvator heiratete und die Schwiegermutter der jüngsten Kaisertochter Marie Valerie wurde.

Königin Marie von Neapel, die – gleich ihrer Schwester Elisabeth – als ausnehmend schöne Frau galt, führte nach dem Verlust des Thrones ihres Ehemanns ein reges gesellschaftliches Leben. *(S. 199 ff.)* Sie lebte mit ihrem Gemahl in einer glücklichen, wenn auch mitunter eigenwilligen Ehe, die zunächst einige Jahre nicht vollzogen werden konnte. Trotzdem brachte sie in dieser Zeit eine Tochter zur Welt, die nach der Geburt nach Deutschland gebracht wurde, in einem Kloster aufgezogen wurde und in jungen Jahren an einer schweren Krankheit verstarb. 1869 wurde eine zweite – eheliche – Tochter, Marie Christine, geboren, die aber schon wenige Monate später im Säuglingsalter starb.

Als der Bruder König Franz' II. von Neapel-Sizilien, Ludwig Graf Trani, nach einer Braut Ausschau hielt, setzte sich Königin Marie sehr engagiert für ihre Schwester Matilde als dessen künftige Gemahlin ein, mit der sie eine innige schwesterliche Liebe verband.

Gräfin Matilde Trani, die wegen ihrer leisen und piepsigen Stimme innerhalb ihrer Familie ›Spatz‹ gerufen wurde. Als ihr Gemahl 1886 unter tragischen Umständen aus dem Leben schied und 1898 ihre Schwester, Kaiserin Elisabeth, ermordet wurde, versuchten etliche Habsburger- und Wittelsbacher-Familienmitglieder, sie mit Kaiser Franz Joseph zu verheiraten.

Der Ehe des Grafen Trani mit Prinzessin Matilde von Bayern entstammt eine Tochter, Maria Theresia, die 1889 Wilhelm Fürst von Hohenzollern heiratete.

*E*in tragisches Leben hielt die Geschichte für die jüngste Schwester der Kaiserin Elisabeth, Prinzessin Sofie Charlotte, bereit.

Zunächst wurde sie (1867) mit König Ludwig II. von Bayern verlobt, der aber zu diesem Zeitpunkt schon erste Anzeichen von geistigem Verfall zeigte. Als er sich – auch in bezug auf die bevorstehende Heirat – immer sonderbarer benahm, löste Sofies Vater, Herzog Max in Bayern, die Verlobung.

Ein Jahr später heiratete sie Herzog Ferdinand von Alençon, der der französischen Königsfamilie entstammte, und führte mit ihm zunächst eine glückliche Ehe.

Herzogin Sofie Alençon verfügte wie ihre Schwester Elisabeth über unglaublich dichtes und langes Haar und ließ sich gerne wie sie mit offenem Haar oder mit der berühmten Kronenfrisur fotografieren *(S. 209 f.)*.

Mit zunehmendem Alter traten bei Sofie Charlotte nervöse Erkrankungen auf. Sie verliebte sich plötzlich in einen Bürgerlichen, mit dem sie kurzerhand durchging und Ehemann und Kinder alleine zurückließ. In den folgenden Jahren brachte sie einige Zeit in Nervenheilanstalten zu, wurde wieder entlassen und kehrte in den Schoß ihrer Familie zurück. 1897 starb sie unter tragischen Umständen in Paris während eines Wohltätigkeitsbasars, als in einem der Zelte ein Feuer ausgebrochen war, und wurde bis zur Unkenntlichkeit verstümmelt.

Der Ehe des Herzogspaares Alençon entstammten zwei Kinder, Luise und Emanuel. Sie setzten die seit Generationen bestehenden Verbindungen mit immer denselben regierenden europäischen Häusern fort und verkomplizierten die ohnehin schon schwierigen Verwandtschaftsverhältnisse. Die Tochter heiratete 1891 Prinz Alfons von Bayern, einen Vetter der aufeinanderfolgenden Könige Ludwig II., Otto I. und Ludwig III., der Sohn ehelichte Henriette, eine Prinzessin von Belgien, die Schwester des späteren Königs Albert der Belgier, der seine Cousine Elisabeth (eine Tochter Herzog Carl Theodors in Bayern) heiraten sollte.

*D*as jüngste der insgesamt neun Kinder des Herzogpaares Max und Ludovika in Bayern, also der jüngste Bruder der Kaiserin Elisabeth, war der 1847 geborene Prinz Max Emanuel. Er heiratete im Jahr 1875 Prinzessin Amalie von Sachsen-Coburg-Gotha, verstarb aber schon 1893 im Alter von 46 Jahren.

AUS DEN LETZTEN EHEJAHREN KAISER FRANZ JOSEPHS UND DER KAISERIN ELISABETH

Wie schon früher erwähnt, sind die Bilddokumente des gemeinsamen kaiserlichen Ehelebens wenig zahlreich, da sich Kaiserin Elisabeth ab den sechziger Jahren des 19. Jahrhunderts viel auf Reisen befand und Kaiser Franz Joseph weder bei familiären Ereignissen noch bei öffentlichen Anlässen unterstützte. Abgesehen von ihrer seltenen Anwesenheit in Wien verbat sich die Kaiserin etwa ab ihrem 40. Geburtstag, Porträts oder Aufnahmen von sich machen zu lassen, da sie der Öffentlichkeit das Bild der jungen Monarchin erhalten wollte. Was die wenigen Bilder der Kaiserin aus den späteren Lebensjahrzehnten betrifft, so existieren ausschließlich Gemälde, die meist sogar erst nach ihrem Tod entstanden und in Erinnerung an ihre frühere Schönheit ausgeführt wurden.

Eine der wenigen Veranstaltungen, die die Kaiserin mit ihrer Anwesenheit ehrte, stellt die Enthüllung des Kaiserin-Maria-Theresien-Denkmals in Wien am Ring zwischen den beiden Hofmuseen dar. Das Ereignis hielt sie in ihrem poetischen Tagebuch fest, für das sie, wie beinahe immer nach solchen Festen, nur spöttische Worte fand: »Weshalb das viele Militär in Gruppen und Spalieren? Wozu der Policisten Heer, will Wien heut' konspirieren? O nein! Es feiert nur ein Fest, ein Fest der Hof, der Adel, zu dem man jeden nahen lässt, dess Stammbaum ohne Tadel …« (Das Fest des 13. Mai 1888)

Kaiserin Elisabeth (nach Gemälden).

STRELISKY
1898

*D*as Kaiserpaar bei einer Ausfahrt in Ofen (Budapest). Das Gemälde stammt aus dem Jahr 1900, also aus einer Zeit, als die Kaiserin schon zwei Jahre tot war.

Eines der seltenen öffentlichen Ereignisse, an denen die Kaiserin teilnahm, war die Enthüllung des Kaiserin-Maria-Theresia-Denkmals im Jahr 1888 in Wien. Da von ihr keine Nahaufnahmen gemacht werden durften, existiert nur ein Foto aus ziemlicher Entfernung, das einen großen Teil der Festgemeinde vereinigt. Als Person ist sie aber mit ziemlicher Sicherheit als eine der Damen in der Gruppe vor dem Festzelt (mit dem ausgebreiteten schwarzen Fächer) zu erkennen.

*E*in bekanntes Foto, das Kaiser Franz Joseph und Kaiserin Elisabeth anläßlich eines Aufenthaltes in Bad Kissingen und das letzte Mal gemeinsam auf einem Bild zeigt.

Wesentlich presse- und publikumsfreundlicher gab sich Kaiser Franz Joseph, von dem zahlreiche Bilder existieren, die ihn vor allem bei seiner Berufsausübung zeigen. Wahrscheinlich wären mit den Fotos des von Festrednern oder Militär umringten Kaisers, dem niedliche Mädchen Blumen überreichen und Gesangsvereine Darbietungen entgegenbringen, einige Bände zu füllen. Eine kleine Auswahl von Bildern des kaiserlichen Alltags soll dieses Fotoalbum beschließen.

Jährlich immer wieder anfallende Porträtaufnahmen zeugen von einem Leben der Selbstdisziplin und Pflichterfüllung: Kaiser Franz Joseph in seinen letzten vier Lebensjahrzehnten.

Zum Alltag Kaiser Franz Josephs zählten auch regelmäßig stattfindende Treffen mit den verschiedensten Regenten anderer europäischer Länder. Mit dem deutschen Kaiser, Wilhelm II., verband ihn die Jagdleidenschaft, weshalb viele Zusammenkünfte in Ischl stattfanden, wo man ungestört und in lockerer Atmosphäre über Familie und Politik diskutieren konnte. Das Bild zeigt Kaiser Franz Joseph und seinen Jagdgast aber anläßlich eines Ungarnaufenthalts im Jahr 1897.

Sehr private Aufnahmen mit einem vergnüglich schauenden Kaiser Franz Joseph entstanden anläßlich seines Besuches 1896 in Rumänien als Gast des Königspaares Carol I. und Elisabeth (die rumänische Königin war wesentlich bekannter unter ihrem Künstlernamen Carmen Sylva, unter dem sie zahlreiche Bücher veröffentlichte).

Einen Schnappschuß verdankt man der Ankunft des Zaren von Rußland in Wien, der hier vom Pferd herab sehr privat mit Kaiser Franz Joseph ein Begrüßungsschwätzchen hält. Beide Kaiser tragen Uniformen von Regimentern des jeweils anderen Landes.

*A*ls ein Beispiel für viele andere soll ein Festempfang Kaiser Franz Josephs in Linz herangezogen werden, wobei die einzelnen Szenen austauschbar sind. Zeremonien, Reden, Begrüßungen, Abschreiten von Militärformierungen und das Anhören von Schulchören wechselten einander – und kaum voneinander zu unterscheiden – ab.

J. HINTERNDORFER

22
No 3.

V. 7.

Kaiser Franz Joseph anläßlich einer Pferdeschau in Pest (Budapest) 1896.

Eine berühmt gewordene Momentaufnahme: Der Kaiser anläßlich der Kaisermanöver 1898 bei Buziás, wo ihm ein barfüßiger Bub wahrscheinlich ein Bittschreiben überreicht.

Aus demselben Jahr datiert die »Ansprache S. M. (des Kaisers) bei Eröffnung der Jubiläumsausstellung 1898«.

Geburtstagsempfang in Bad Ischl am 18. August 1900: Der Kaiser ist am Balkon unter dem Zeltdach mit einer seiner Enkelinnen zu erkennen.

Kaisermanöver im Herbst 1900.

Der Kaiser anläßlich eines Besuches in Prag im Juni 1901.

Mit einem Foto, das der Kaiser wahrscheinlich selbst sehr gerne hatte, soll dieser Band beendet werden: Franz Joseph im Kreis der von ihm hochgeachteten Jäger, die er jeder Hofgesellschaft vorzog, nach erfolgreicher Jagd.

DANK

Wieder einmal möchte ich meinen besonderen Dank nach Pöcking zur kaiserlichen Familie senden. Und wieder einmal hat mir Frau Elisabeth de Gelsey mit so viel Hilfe und Unterstützung zur Seite gestanden, daß ich tausend Mal danken muß. Besondere Freude hat die Vermittlung zu Gräfin Logothetti in Salzburg gebracht, die sich als eine weitere unverzichtbare Stütze erwies.
Vielen Dank auch meinen lieben Helfern an der steirischen Landesbibliothek in Graz, im besonderen den Herren Stangl und Wohlmuther sowie Frau Kähling, mit deren Unterstützung ich immer zählen darf. Zuletzt danke ich den Mitarbeitern der Wiener Nationalbibliothek (den Herren Steindl und Tobias) und wie immer ganz besonders meinen Freunden in Wien und in der Steiermark, die mir ihr Wissen und ihre privaten Archive zur Verfügung stellen.
Ein spezieller Dank geht an Frau Weitschacher in Wien, die meine Projekte mit schützender Hand überwacht und mir mit ihren Ratschlägen das Leben wesentlich erleichtert.

Wien, im Juni 1995 Gabriele Praschl-Bichler

Franz Hubmann

Das K.&K. Photoalbum

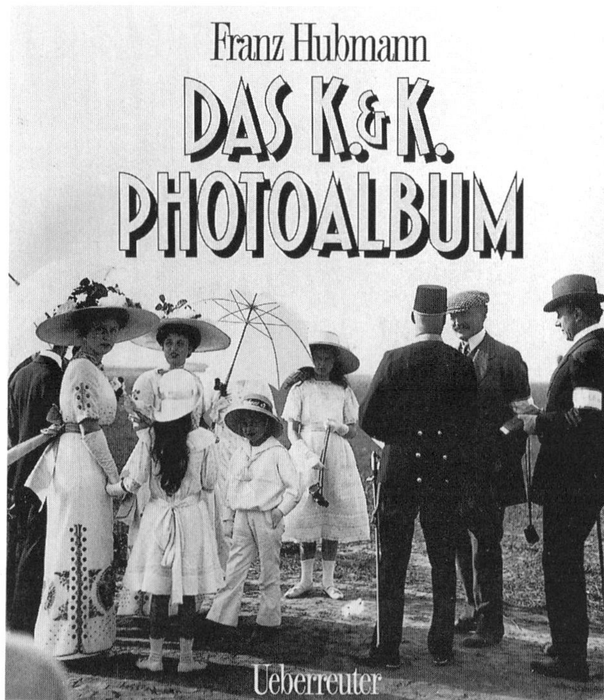

Wie war die Welt der k.u.k. Monarchie wirklich? Wie sah das Leben in diesem Vielvölkerstaat aus, der uns durch die Werke von Musil und Roth, Kafka und Doderer, Roda Roda und die Lehár-Operetten scheinbar so vertraut ist? Hubmanns Photoalbum läßt eine Welt wiedererstehen, in der Völkervielfalt selbstverständlich und ein vereintes Europa im kleinen bereits Wirklichkeit war. Der große Reigen alter Photographien aus den letzten Jahrhunderten der österreichisch-ungarischen Monarchie vermittelt mit seinen Bilddokumenten mehr an historischem Verständnis als so manches Geschichtswerk.

304 Seiten
mit zahlreichen Abbildungen

UEBERREUTER

Heinrich Pleticha (Hrsg.)

Die Kinderwelt der Donaumonarchie

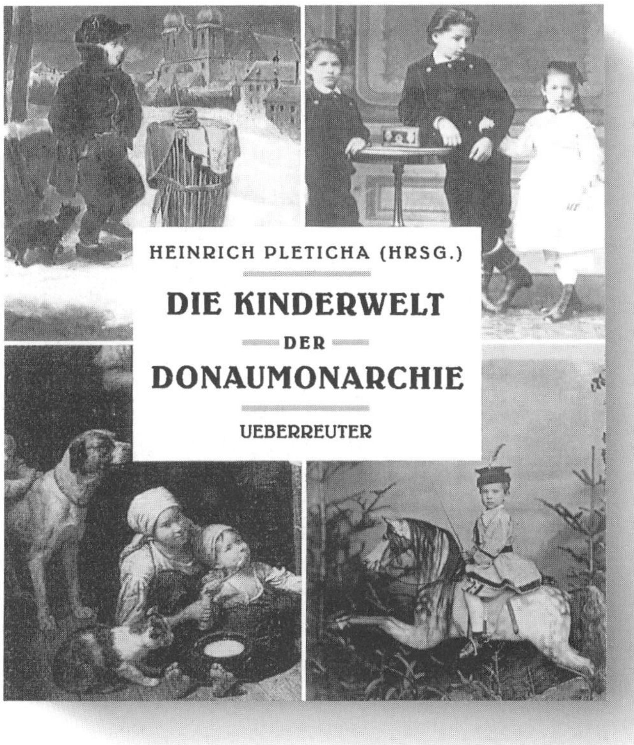

Wie haben die Kinder in den Ländern der Donaumonarchie gelebt? Die Autoren erzählen vom Kindsein in den Palästen der Adeligen, in den Bürgerhäusern, auf den Bauernhöfen und in den Quartieren der Arbeiterfamilien.
Mit Beiträgen von Hermann Schreiber, Georg Schreiber, Heinrich Pleticha, Ernst Seibert, Reingard Witzmann, Friedrich Heller, Wilfried Böhm.

240 Seiten
mit zahlreichen Farb- und Schwarzweißabbildungen

UEBERREUTER

Alexander Sixtus von Reden
Josef Schweikhardt

Eros unterm Doppeladler

Geschichte aus erotischer Perspektive – das ist der Blickwinkel von Schweikhardts und Redens Studie zum alten Österreich. Ob Karikatur oder Kunst, Bordellwesen oder versteckte Erotik in der Religion, »fescher Leutnant« oder Wäschermädel, Erotikschwulst der Gründerzeit oder Frivolitäten der »Goldenen Operettenära« – der distanzierte Blick bleibt bei aller wissenschaftlicher Genauigkeit immer voll Humor. Denn ein Buch über Lust und Liebe muß nicht nur informativ sein – es soll auch Vergnügen bereiten.

240 Seiten
mit zahlreichen Farb- und Schwarzweißabbildungen

UEBERREUTER